金星出版
命理生活新智慧・叢書
VENUS PUBLISHING CO.

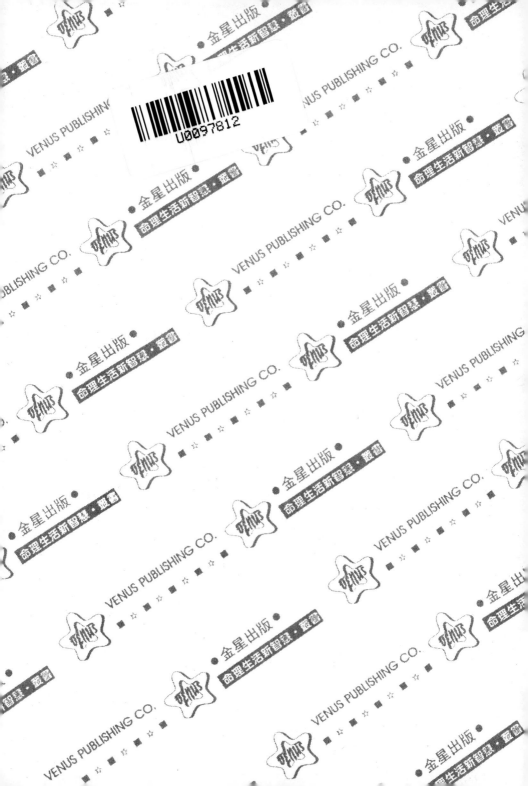

命理生活新智慧・叢書 02-3

如何掌握旺運過一生

四版修訂版

金星出版社 http://www.venusco555.com
E-mail: venusco555@163.com
venusco@pchome.com.tw
法 雲 居 士 http://www.fayin777.com
E-mail: fayin777@163.com
fatevenus@yahoo.com.tw

法雲居士⊙著

金星出版

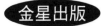

國家圖書館出版品預行編目資料

如何掌握旺運過一生(四版修訂版)／
法雲居士著， --臺北市：
金星出版：紅螞蟻總經銷，
2010年3月 第四版修訂； 冊 ；公分—
（命理生活新智慧叢書；02-3）

ISBN 978-986-6441-16-5（平裝）

293.1

如何掌握旺運過一生 四版修訂版

作　　者：法雲居士
發 行 人：袁光明
社　　長：袁光明
編　　輯：王璟琪
總 經 理：袁玉成
地　　址：台北市南京東路三段201號3樓
電　　話：886-2-25630620，886-2-23626655
傳　　真：886-23652425
郵政劃撥：18912942金星出版社帳戶
總 經 銷：紅螞蟻圖書有限公司
地　　址：台北市內湖區舊宗路二段121巷19號
電　　話：(02)27953656(代表號)
網　　址：http://www.venusco555.com
E-mail：venusco555@163.com
　　　　venusco@pchome.com.tw
法雲居士網址：http://www.fayin777.com
E-mail：fayin777@163.com
　　　　fatevenus@yahoo.com.tw

版　　次：2010年3月　第四版　2021年1月加印
登 記 證：行政院新聞局局版北市業字第653號
法律顧問：郭啟疆律師
定　　價：400元

行政院新聞局局版北字業字第 653 號

ISBN：978-986-6441-16-5（平裝）

再序

『如何掌握旺運過一生』這本書，不但是一本提供讀者如何掌握旺運的書，同時也是一本提供讀者掌握時間上的關鍵要點的書。

這本書在三年前出版時，是經過讀者口耳相傳，而得到眾多讀者喜愛的。事實上，命理書都很少會在媒體上做廣告，完全是要靠讀者自己去發掘、發現。在這樣一個困難的情況下，『如何掌握旺運過一生』能夠漸漸賣得好，實在是一個奇蹟了。

我聽一位讀者告訴我：在這本書中，把每一個人的命理及命盤格式中好運、弱運的年份都明確的指出，而且將每個人的人生中第一個旺運高潮點和第二個高潮點都清楚的劃分出來。還有把人生的旺運起伏做圖表上的說明，是對每個人非常有益處的事。這位讀者也把自己的人生與書中的圖表做對照比對，也得到印證，非常相合。因此非常興奮的來問我，是如何發現此事的？

能得到讀者這麼多的肯定，我當然是很高興，但是也非常惶恐，於是更兢兢業業、小心翼翼的寫書，深怕有一丁點的錯誤會害了愛護我的讀者群。因此在這本『如何掌握旺運過一生』出版居滿三年時，再重頭校正訂定這本書中的錯字和修正運氣圖，使之更加精確美滿。

紫微斗數是一門既科學又比較簡單、容易上手的命理學，目前市面上就有光碟可以把生日、年、月、日輸入電腦，即可印出命盤，非常簡便。這是最容易跟上現代科學腳步的命理學。很多朋友也告訴我，看了兩、三本我的書，便能夠對紫微斗數知道一個大概、能算命了。把紫微斗數生活化、簡易化，一向是我努力的方向，如此一來，人人可以做自己的算命師，便無求於人，益處多多，也再也不會有上當吃虧的事情發生了。

三年來，在我出版的三十幾本書中，每一本書都有其特定的討論目標範圍，就像『紫微成功交友術』是專門討論交友方面的問題，而且給朋友建議能達成交友成功、交到好朋友、知心朋友達到增進自己地位、財富，對自己的品德上有直接幫助的人，與之相交的成功法則。另外如『如何掌握事業運』和『如何掌握婚姻運』，也是專門對每個人的事業人生和婚姻人生做出有效的檢討，並建議改進的方法。所以每本書都是有特定的主旨的。

『如何掌握旺運過一生』這本書，在三年前出版時，是我第一次做一個領航員帶領讀者，進入人生浩瀚的星際太空，來發現屬於每個人自己的生命源頭，和生命的脈動，以及生命中起起伏伏的旺運、衰運的交替過程。『旺運』就像火山爆發時噴出的火焰濃漿，是燦爛、美麗、熾熱、火燙的，也會給人生帶來很多的養份，但同時也會消滅毀壞了許多的有機生物。衰運是火山沈寂冷卻後陰冷的一面。但是也因為有了陰冷沈寂，萬物才能得以滋生。在如此的循環過程裡，旺運是奔放的人生，衰運是修身養息的人生，都有其真正的益處，在人生中是絲毫沒有浪費的。只不過某些人，在經歷修身養息的人生時，過程長了一點，會浪費到奮發有為的青、壯年時代，就十分可惜了。所以我寫這本『如何掌握旺運過一生』來幫助大家糾正這個情形。

天下所有的人，生命的脈動都不一樣，因此旺運的過程和起伏高潮的弧度也不一樣，甚至於脈動的速度都不一樣，有的快、有的慢，所以檢驗自己的人生歷程，並預估其趨勢，便是每一個人必須擁有的中心思想，和人生大事了。

有一些讀者覺得我對人生的話題太嚴肅了，也常有讀者來詢問是否有捷徑？或有什法術可促進旺運，使之永保不墜的？我們都知道：在人生命成長的過程中，嬰兒、幼兒、少年、青年、壯年、老年的時代都是循序漸進的，從沒有能躍過、跳過任何一個時期而進入下一個時期的，所以說人生是沒有捷徑的！人唯有知道旺運的形成法則，人生的平衡法則，才能真正永保旺運的不墜，這就是每個人想知道的保有旺運的法術了。在此敬祝讀者都能修得正果！真正的能體會到『如何掌握旺運過一生』的真意內含。

法雲居士謹識

序

『這是一本很不一樣的命理書，能提供你掌握自己全新的生活視野！』這是我再次強調的一句話！真正不一樣的地方在那裡呢？一般的命理書只是告訴你一些普遍的現象，和一些不確定的命理經驗。不能真正導入你想知道的問題，給你正確的答案！

在這本『如何掌握旺運過一生』的書中，為你歸納了人生的方向，及圖解了旺運周期表，告訴你在每一個人生的轉折點上，是有一點技巧，可以將你帶入高峰的。這些學問也許連你的父母、老師都不知道，不曾也無法告訴你。因此不論你是一位政治家，或是一家大企業亦或小企業的老闆，亦或是一個領薪水度日的上班族……

也不論你是個身經百戰的商場老手，或是白手起家剛出來打拼的新新人類，也不論你是早已學成，正在校園官場中浮沉的教授老師，或是正在發奮苦讀，苦於學習的莘莘學子。這本『如何掌握旺運過一生』，教你利用命理上星宿的旺度，來掌握成功時刻的機運，可成為你生命中的實典。

人生中有太多的疑問，太多的抉擇，要我們來定奪。我們常依賴已往的經驗來依憑，在黑暗中摸索前進。有些決定將我們帶入欣喜美麗的境地，有些決定卻讓我們生命晦暗了好些日子，這是為什麼呢？

這個原因非常簡單，主要是你生命周期運行在旺運的周期中，所做的思考都是清澈明朗、思慮周詳、合情合理。當然就不會受到別人的反對和阻礙，所以凡事都進行順利，而讓你身心愉悅，運氣旺盛了。

反之，在衰運的周期中，你心情煩悶，茅塞不開，思想呆滯，也想不出什麼好辦法來拋開這種情境。言語衝動，容易得罪人引發是非。此時的你，對著鏡子都發現自己的面目可憎，又如何感動別人對你施捨好處呢？在這個周期中的人，最好別作決定，因為此時正是常常受騙上當、血光、官非相繼而來的時候。如此又往往把人推入更深一層的惡運之中了。

那什麼時候是我的『旺運周期』？何時又是『衰運周期』呢？能不能都是『旺運周期』，而不要有『衰運周期』呢？

這本書正是要告訴你，如何利用自己的紫微命盤上所顯示的『旺運周期』，把自己的生命重新規劃。使『旺運周期』涵蓋至生命中絕大多數的日子，而將『衰運周期』減至最短，或至消滅於無形之中，如此一來，你的人生還會不光輝燦爛嗎？

旺運不但能創造財富、創造成功的事業、和樂的家庭、美滿的人生，也能給社會、國家帶來無窮的希望。這也是我用心將紫微命理溶合在人們的生活中的真正用意。

在古代，學習尋找『旺運的周期』，是專屬於帝王之學中的一門學問。今天你可以輕易的學習到了，還猶豫什麼？趕快修正人生的藍圖！好好把握每一分每一秒，快樂的在旺運中過一生吧！

法雲居士謹記　丙子年十一月

另序

在我即將出版這本『如何掌握旺運過一生』的書的時候，出現了一些事情，我覺得有必要做一些說明，因此在序後又加了這一篇『另序』。

一般人總是將宗教和算命、宗教和吃素、命理學和吃素混淆不清。由其是在「宋七力事件」之後，『命理學』受到許多攻擊。某些名家在媒體上攻擊『命理學』，這些名家不乏學歷程度頗高的人士。我在某些演講的場合中，也會聽到聽眾的質疑，因此我想藉書之一角，對這些問題稍加探討。

首先要談的是：宗教和『命理學』是兩碼事。宗教和吃素也是兩碼事。『命理學』和吃素更是風馬牛不相及的事。

最先我們要弄清楚的是：『命理學』是什麼？怎麼來的？

目前我們所學習的『命理學』，不論是紫微斗數、八字、面相學、鐵板神數……等等，都是直接出於『四庫全書子部』。再追溯其最早的根源，才是『易經』。

大家都知道『四庫全書』是清朝乾隆帝命大學士紀昀作總編纂，結合一百多位學士一同審定校核。這些學士都是精通古經典的儒士，信奉的也是儒家的學說。他們能用精博的學問和見識，來看待先人遺留下來的智慧。而今人卻因為不懂得古書的學問和無知而大加撻伐，豈不可笑！

再說『命理學』真正的意義是研究太陽與人類之間關係的科學。當『人』出生時，太陽在什麼位置，『命理學』上給了它一個經緯度的坐標，那個坐標，我們俗稱為『八字』。

在古代一般人有「天之涯、海之角」，認為天地是方的之說。但是並不代表古代就會完全沒有科學家知道宇宙天體和幾度空間的存在？

事實上，我們從古代的天文、曆法和命書上，就看到這些科學家在探討這些問題！現在美國及世界上其他國家的天文科學家，也正在對中國古籍上的天文星座作研究，他們也發覺中國古代就知道並具有「天體中有許多太陽系和銀河系」的觀念了！

中國古代的科學家早就知道，人雖出生在夜間，太陽仍持續照射在地球上，只是太陽是在地球的背面罷了！因此我們可以看到在紫微斗數中太陽在亥宮是陷落無光的，表示沒有了日光。而不會在看不見太陽的幾個宮，如戌、亥、子、丑等的宮裡，突然消失了太陽星。

古代科學家早就知道，『人』的出生和『節氣』有很大的關係。『節氣』又是由太陽運行在公轉軌道上的位置變化而來的。

因此，種種理論顯示：『命理學』是科學的、天文的、邏輯性的、人文的！

儒家說：『子不語怪力亂神！』，『命理學』更沒有『怪力亂神』

可說！

宗教和命理有什麼關係呢？一點關係也沒有！

只可能自古以來，命運多蹇的人，欲求內心的平衡和依靠，而向宗教求助。某些從事命理的人，也用宗教安撫這些人的心靈，久而久之，成了一種互相依賴的關係。

宗教和吃素也是沒有關聯的。早期佛教剛傳到中土，僧人和教徒都是吃肉的。南北朝之後漸漸有了吃素的習慣，至今流傳下來。

前些時候，我在電視上看到一位從事命理的老師，得意的說：他已吃了七年的素。表示自己已很有靈性，會發生靈動的功力為人相命。

這是十分可笑的！吃素是自己個人的習慣問題。命理上的學問需要多讀書！並不是吃素就可以獲得的。倘若真可以？我們就可以給目不識丁的小嬰兒吃幾年素，不是人人都可為人相命了嗎？

我在演講時，常遇到聽眾和學生問：

『老師！你吃素嗎？你打禪七嗎？』

我說：『我讀佛經，讀的是古佛經。是為我所學的藝術史而讀的，不是為信教而讀的，我不打禪七。』

記得有一回調查局長對一位大哥級的立委說，要他多去坐禪打禪七。這位立委理直氣壯的說，他常去呀！

這整個事件又很好笑，有一句話可以一語概之：『牛牽到北京還是牛！』

我們常看一些日本電視劇，例如極道之妻之類的故事，有一些黑道人士的暗殺計劃，都是在佛寺中禮佛打禪中而下達的。這些人假藉了崇仰宗教之名，而掩護自己的惡行，禮佛打禪的靜態活動豈不受到了屈辱？

宗教的真正意義，是你自己要尋求心靈的平靜，在平靜中自省。虔誠的心，使你堅定意志力。在平靜自省中才能增長智慧。

目前時下的人太愛鬼神之說，相信靈動的能力。才讓一些不佛不道、穿著西裝、掛羊頭賣狗肉的人，假借神靈之說來騙人。然後，更是肥水不落外人田的，自己扮起神靈來。

倘若你能瞭解，『命理學』實則是一門科學，完全和神靈無關，而又願意腳踏實地的作學問的話，『命理學』對人的幫助，實在是讓你一世都受用不盡！

法雲居士　於山居　孟冬

命理生活叢書02

如何掌握 旺運過一生

第二章　創造未來的旺運周期表

如何掌握旺運過一生

假如你是個算命的

一般人對命理師行業都有許多好奇，
到底命理師有沒有法術？他們是如何算命的呢？
命理師有沒有行規？
如何能成為一個命理師？
命理師的收入好不好？
在這本『假如你是一個算命的』書中，
法雲居士為你揭開命理師行業的神秘面紗，
告訴你，命理師的天賦異稟是什麼？
命理師的行規又是什麼？
命理師必須具備那些條件？
此書不但是提供給欲從事命理師行業的人一個借鏡，
也是探求算命故事的趣味話題。

第一章

成功者的專屬旺運

1 旺運是什麼?包括那些?

大家都知道,『旺運』就是『好運』嘛!

『旺運』是『吉運』的一種,它的層次比『吉運』更高,也不是普普通通的以『好運』就能解釋了。

『旺運』也代表了一種長時間的好運,一種連續不斷的好運。長的時候,多達一年、二年、三年……不等。短的時候,幾個月、一個月、一天或一個時辰不等。一個時辰以下的好運實在太短暫了,我們在此不談,只以流年、流月爲主要,日、時辰爲副要的爲你解說。

旺運在一般人的感覺裡,程度是不一樣的。某些人感覺深刻、某些人根本沒有感覺,爲什麼會有這麼強烈的差異?這是因人而異的。某些財星坐命的人,像天府、武府坐命的人,一生衣食無缺且富裕一生,根本沒有金錢的煩惱，且加上六親緣好的話，他所行運的時間裡，起伏又不明顯，所以根本沒有感覺到運氣的旺弱之分了，這就是『人在福中不知福』的含意了。

那些人會覺得運勢起伏很大，旺弱運之分很明顯的呢？當然是本命坐在『殺破狼』格局上的人，還有那些是有『偏財運』的人，是較愛常常去計較、算計旺運時刻的人，他們對旺運、弱運的問題也是非常敏感的了。

此外像天機、太陰、天同、天梁坐命的人，一生的財只是平順，不是非常之多，因此他們對於『旺運』的要求也不高，故而『平順』就是他們的旺運了。

再像坐命在羊陀、火鈴、劫空，這些星座的人，因爲在命格中，身體常受到傷害、住醫院，故而賺錢的時候是旺運，受血光之災的時候是弱運，弱運常比旺運多。

如何掌握
旺運過一生

旺運包括官運、財運、聲名運、吉事運、貴人運。

官運

旺運中的官運，是以命格中的『陽梁昌祿』格爲主，要以『機月同梁』格爲輔的，倘若流年、流月又坐在『殺、破、狼』的格局上，再加上化權、化祿這兩顆星，官運亨通、定會高陞的。化權比化祿更具決定性的影響。

財運

只要命格中，或流年、流月裡，財星居旺的話，都是財運高照的旺運。財星有紫微、天府、武曲、太陰、七殺，倘若再加化權、化祿、化科、更增加了發財運、旺運的必然因果。

聲名運

旺運中的『聲名運』，主要是以『陽梁昌祿』這個格局來組成的。凡流年、流月運行在這個格局中的任何一顆星上，即有聲名遠播的旺運了。但是在這個格局中，也有旺弱之分的。例如行運在太陽、天梁居旺的流年裡，聲名較旺，若再加化權、化祿、化科，氣勢更形磅礴。（聲名運的先決條件是『陽梁昌祿』格在四方三合位置，必須組合完整，則更旺。若缺一星，或格局破碎，則運不旺）。

吉事運

吉事運可屬一般的旺運，凡是吉星居旺時，流年、流月中遇到，都有吉事運。遇此旺運、做事順利、辦事能力強，凡接洽事情，做決定都會有吉運。

吉事運裡，以紫微、天府、天相、天同、天梁、貪狼等流年、流月坐星為最吉，當他們居旺時，再加化權、化祿、化科等星，更是如魚得水，或是虎虎生風，要風得風、要雨得雨的順利了。

貴人運

旺運中的『貴人運』和一般的旺運較不同了，『貴人運』裡需要的主星是天梁、左輔、右弼、文昌、文曲等星。因爲其中包含了『陽梁昌祿』格中的兩顆星，所以你也看到了，官運也是需要貴人提拔的，故而貴人運對官運也是非常重要及有影響力的了。

在貴人運中，天梁、文昌、文曲，也必須居旺，否則沒有幫助、會孤立無援，沒有貴人。

左輔、右弼是沒有旺弱之分的，因此到處爲福。左輔代表著男性貴人，右弼代表女性貴人，他們會在一旁默默的出現，幫助你做事順利、完成任務，或是幫你進財。當這兩顆星出現在流年、流月中，你就可以自己觀察在你身旁是否有這樣的人出現?告訴你，這是非常準的喲!

普通政治人物，大企業家、主管級的人物，都需要這顆『貴人星』

，而且在他們的命宮、遷移宮、兄弟宮、僕役宮、官祿宮中，都會出現這些『貴人星』，這就是他們為什麼成功的原因了。

2 『時間』是宇宙中的奧妙玄機

『時間』是改變一切的影響力

在人生百年當中，真正有用、有生產力的年歲，只有六十年。而六十年中前三分之一的時間，你又處在教育學習的階段裡。因此真正能創造事業、經營財富、享受美麗人生的年數，只剩下短短的四十年了。

要如何來把握這四十年的光陰，使自己成爲一個頂尖拔萃的人，而又無怨無悔的過完人生的黃金時期呢？這就是一個大學問了！

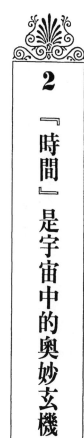

我們在求學的時代，常聽師長告訴我們要『把握人生』。很多勵志的書籍上也教我們要『把握人生的黃金時代』。但是有幾個人做到了呢？

在我爲人相命的生涯裡發現：絕大多數（幾乎近於全部）的人，是隨命程的起伏高高低低、搖擺不定的。因爲誰也不知道在他面前的人生道路上，前面是坎坷？還是一帆風順？甚至某些人在人生的大海裡迷航了！

人生規劃

目前有許多演講家流行傳遞『規劃人生』的理論。人生當然可以規劃，但並不是每一個人都能全然掌握的。倘若一個人在命程裡出現了弱運的時間，而這個弱運的時間又長達兩、三年之久的話，那這個人的人生規劃，就完全是紙上談兵，無從發揮了。

又例如一個人三十歲的運程是財星當旺，但是在人生規劃裡，他是要去讀書求取高學位。讀書當然會很順利的讀完，但是當他想回過頭來賺錢時，卻已無財星的幫忙，因此變得書讀得多而窮困了。這讓我想起在美國時看到的一些四十多歲才拿到博士的先生們，博士是拿到了，卻賦閒在家沒有工作，窮困度日的境況。

這些人已到了窮困的地步，才會想到請我為他看看，到底人生在那些地方出了差錯？可惜已浪費了這麼多年！只剩下十幾年可奮鬥的時間了。

「時間」是微妙的東西

『時間』是一個極其微妙的東西！筆者在經過幾番大起大落之後，對『時間』產生了極大的覺悟，因此希望把這些經驗分享給各位讀友。

倘若你現在已有三十幾歲到四十歲的年紀，你可以回溯往事，看看在你已經歷過的生命中，有那些年是一帆風順的？有那些年是運氣欠佳的？你可以將它們一一寫下，再與目前的狀況作一比較。

例如：上一個子年和這一個子年作比較。上一個亥年和才過了的這個亥年作比較。你會發覺有許多某種程度的相同處。

倘若你在三十歲左右所逢的子年是不錯的，你會發覺現在所處的這個子年也不錯。倘若上一個子年非常差，你會發覺目前這個子年也是不順，錢財難賺。

整個大環境也是如此的。我們可以看到民國七十二年是亥年(豬年)。那時候股票市場崩盤跌停，經濟一片淒迷。到民國八十四年又逢豬年，雖然儘管大家企盼它是一個『金豬年』，但又是經濟不景氣，災禍特別多。主要是因爲豬年的流年歲星裡有天狗、伏屍等煞星的緣故。

但是也有不一樣命程的人，在別人哀哀嘆息時，也有人正財源滾滾呢！我認識一位印刷廠的老闆，他在經濟不景氣的時候，別人都停工沒有工作之餘，他卻是二十四小時的拼命工作著，也因此鈔票滾滾而來了，你說這不是『命』和努力相合的成果嗎？

既然如此，我們要如何成爲那個幸運的人？找到屬於自己的時間呢？

首先來談人生規劃的問題。

人生是須要規劃的，但在規劃的同時，你要注意『時間』的重要性。

旺運的時候『攻』

在我的另一本書『如何算出你的偏財運』中，我告訴你紫微命盤是你個人的藏寶圖。這是一點也沒錯的，你要尋找『旺運』，就必須用此藍圖來推算。命盤上可一目了然的看到了你一生運程起伏的狀況。

當星座居廟旺時，吉星更吉，凶星也少爲禍。當星座居陷位時，吉星不能爲福，煞星更是小鬼難纏，帶來極大的災禍。因此你要先分辨清楚。

但是有幾顆星是沒有旺弱之分的，到處爲福，真是仁者之星了！例如紫微、天府、祿存、化祿、化權、化科等星。雖說它們沒有旺弱之分，可是若與它們同宮的星曜居旺，當然是不錯。若與之同宮的星曜是居陷落的，這些星也會受到影響爲福不多了。

再之，一個人的運程，若相連的三、四個宮都是吉星入座，把握了這三、四年的流年旺運，積極衝刺，大步邁進，這個人的成就一定會很高的。

又倘若一個人的運程裡，一年是吉星當旺，下一年逢煞星陷落。又一年好，又一年壞。那個人肯定是很辛苦的。運程起伏多波折，成就也好不到那裡去了。這種狀況我在後面的章節會談到如何破解的方法。

人生中三個主要格局

在人生中主要有三個格局來統籌人生的運程：

一、是『陽梁昌祿』格局

二、是『機月同梁』格局

三、是『殺破狼』格局

一、『陽梁昌祿』格局

在每個人的命盤中都有太陽、天梁、文昌、祿存和化祿星來組成『陽梁昌祿』格。這些星有時是在四方（中間相隔兩個宮）的位置，有些是在三合的地帶（中間相隔三個宮）。在這個格局裡，若有二個以上的星居廟旺，這個格局就算是旺運了。在流年、流月逢到這個格局中的任何一顆星，在相互照會之下，都可招財進寶，升官發財，名聲遠揚，升學考試都很順利。

例如李登輝總統，天梁化祿坐命午宮廟旺之位，子年雖爲太陽陷落，但對宮天梁化祿相照，流年還是不錯的，在選舉中大獲全勝，當選中華民國第一位民選總統。

二、『機月同梁』格局

在所有人的命盤中也是都有這個『機月同梁』格的。這個格局是由天機、太陰、天同、天梁四顆星組成。它們通常出現在四方三合的位置上，算是比較完整的格局。在這個格局中若有兩個以上的星居旺位，你在流年、流月逢到，運勢是吉祥平順的。

書云：『機月同梁作吏人。』這裡所指的吏人，不只泛指是公務員。

也可指一般上班族。在財運上、官運及一切的運氣上，可延伸至平和、順利的意境。

在這個格局裡若天機居旺，會使你的人生產生變化時是好的變化，更上層樓的變化。若太陰星居旺時，使你的財祿不斷，汩汩的流進你的口袋。天同、天梁這兩顆星是福星和蔭星。天同居旺，坐享財利，輕鬆的享受福份，人也不必操勞，就能獲得了。若是天梁星居旺，能得長者賜財，有貴人幫忙好運，名聲和官運亨通。

因為這個『機月同梁』的格局，和『陽梁昌祿』的格局中，都含有天梁這顆主貴的星，所以在形式上兩個格局是交叉應用的。

三、『殺破狼』格局

每個人的命盤中也都有『殺破狼』格局，它們只在三合地帶中出現，因此是最整齊的一個格局。不像某些人的『陽梁昌祿』格與『機月同梁』格，會有破碎或不在其位的『不成格局』的問題。

『殺破狼』格局是由七殺、破軍、貪狼三顆星以鼎足三立的姿態出現。當流年、流月逢到這三顆星中的任何一顆時，你就是正坐在『殺破狼』格局的流年、流月上了。在這個時候，你的人生會產生某些變化。當這個格局中有二顆星處在廟旺之位時，你一生的運氣都算不錯了，因為它已控制了你三分之二的人生都在好運上。

◎當流年、流月逢到七殺星居旺時，你很能打拼，賺錢很賣力，也賺到了許多的錢。工作、金錢運是極佳的。但是因為忙碌的關係，你可能忽略了家庭裡與親人或朋友的關係。你必須要注意了！不要等到這個運程過了，才發覺親人跟朋友都疏遠了。

◎當流年、流月逢到破軍星居旺時，你是個創業家，又開始發展一些新的事務。破軍也有除舊佈新、再重建的意味，因此你也會花很多錢在改變你周圍的環境上。

在古代，破軍星出現的年份、月份，就是暴發戰爭的年份、月份，古代軍中出戰時，也祭拜破軍星。由此可見破軍星是個好戰的星。好戰必有破耗，故破軍星當值的年份、月份，就是你花錢、浪費最多的年份、月份了。

破軍星若是居旺的話，倒不如利用此時去投資。因爲此時是你最大方的時間，與其破耗掉了錢財，不如投資在事業上或學業上，以後都會得到較好的回報。

◎當流年、流月逢到貪狼居旺時，你的人緣很好，利於交際應酬，繼而使你升官發財。若有火星、鈴星與貪狼星同宮或相照，會爆發『偏財運』。如此，財運又不同於一般的旺運了，是極旺！

貪狼屬木，也利於學業、文職等科目。尤其是再加化祿、化權、化科來會，更是如虎添翼，平步青雲。我自己的女兒，就是教她利用這個『貪狼化祿』的流年力量，考上理想的國立大學的。關於這一點，我是引以爲傲的。這也是我長期宣揚利用『時間』改變命運的最好實證。

倘若你只有一顆星居旺時，怎麼辦？

倘若在你『殺破狼』格局中，只有一顆星居旺的話，我建議你先看看是那一顆星？再看看居於何宮？在那一年會碰到？

在你的流年、流月碰到這顆居旺的星曜時，你可以積極衝刺，力爭上游。不管你是在求財、升官，或是求取學業，只要努力都不會白費，可幫你達成所願。

其他的兩顆陷落的星，當流年、流月碰到時，你就要小心謹慎，減低花費，減少人際關係的應酬以避免是非破耗。此時是你多讀書的時刻，多增加與自己相關的專業知識，或一些人生必知的學問，可幫助你在旺運時，有更多可應用的法寶及更宏廣的空間，讓旺運發得更旺！

弱運的時候『守』

人在弱運的時候，心情多半心灰意冷，晦暗不明，倘若是逢太陽星陷落再加羊陀，會有自殺的念頭。

什麼時候算真正弱運的時候呢？

在我覺得是煞星（破軍、羊陀、火鈴）居陷落的時候，災禍最嚴重。其次尚有天機、巨門、化忌、廉貞等星陷落時，會帶來是非、官禍、敗財等災禍。

再有在『陽梁昌祿』格中，太陽、天梁星陷落時，會帶來人生晦暗，辛苦勞碌，馬不停蹄的忙碌卻沒有收穫。

財星如太陰、武曲等星陷落時，沒有錢財也沒有人緣，生活困苦，也會造成人的運氣衰竭成為慳吝的小人。

天相、天同居平陷時，雖是福星，但是很忙碌。忙正事的時候少，忙吃喝玩樂的時候多。也可說是花錢敗財的時候多，進財的時候少，故也算是弱運了。

在『殺破狼』的格局裡，倘若是貪狼、破軍居平陷位，在流年、流月碰到了，雖然運氣很不好，但仍然愛衝刺拼命，想在人生中打開一條血路。但是愈做愈錯，耗損愈多。再加上血光車禍等身體上的傷害，讓你住進了醫院，又造成了金錢上的破耗，豈不更糟。所以『弱運』的時候要『守』，就是這個道理了。

在『殺破狼』格局裡，碰到貪狼星陷落時，沒有人緣，人見人厭。做事不順，當然進財也困難了，運氣怎會算好呢？

破解的方法

如上述種種的問題，最好的辦法，當然是儘量減少破耗，利用以前積留的福德、財富來蓄養這段弱運的時段，以期等待下一個旺運期，就是這個道理了。

倘若你沒有堅守這個法則，在弱運時繼續破耗不斷，在旺運期到來時你已一文不名。一切從頭來過的辛苦，會讓你對以前的破耗悔恨不已。

我常說：人在弱運的時候，頭腦思想是不夠清楚精明的。很多人在弱運的時候被騙、被借去錢財不還、或是做了錯誤的投資等等。並不是他們甘心被騙，或是不去思考。有時想得很多還是一樣，就像是鬼使神差一般的踏入陷井。為什麼會有這種狀況發生呢？

倘若你有這種經驗，那你就該打開你的紫微命盤看看：在這些被騙失財的流年年份、流月的月份中，是不是有天機陷落、巨門陷落、破軍陷落、七殺加煞星、廉貞陷落、羊陀陷落、火鈴陷落、劫空等星。

當這些煞星陷落時，而你的流年、流月正逢到，你就會傾向一種容易聽信別人只說好的一面的狀況。當正直的人給你建議時，你卻無法接受，或者是當時在你身旁根本沒有貴人，可以給你建議。

當一個人的弱運走到天機陷落、巨門陷落、破軍陷落、七殺加煞星、天梁陷落、廉貞陷落、羊陀陷落、劫空時，最喜歡聽信利用神佛的力量使自己改運，因此往往受到有心人士的佈局，所以在這一回合中，你就敗得很慘了！

3 DIY的『新新掌運觀點』

運氣有旺有弱

一般人以『金錢』的獲得，作爲他們度量『旺運』的標準。也有人以『官運』、『聲名運』爲『旺運』的標準。

其實在命理學上的『旺運』應以『平順』爲主。平順就是一種『旺運』。可是大多數的人，並不同意這一點。命理上認爲大起之後，必然大落，這是自然的法則。就像氣有生、旺、休、咎。一般運氣的運行也是這樣的。我們可以看到，在五行局中有長生、沐浴、冠帶、臨官、帝旺、衰、病、死、墓、絕、胎、養，這十二神。其實這十二神就是告訴你運氣運行的方位與旺度了。

從長生到帝旺，彷彿像是一個人的幼年到中年。長生是旺運的起點。

如何掌握 旺運過一生

帝旺是旺運日麗中天的時候。接下來，就到了衰弱期、病痛期、死亡期、入墓期了。再接下來又重新如同孕育了一個新的生命（尚在胚胎的形式、肉眼所不能見的），然後再慢慢滋養。在胎及養的兩個形式中，都是我們肉眼所不能見的狀況下進行的。屬於一種陰暗的，地下形式的像細菌般的生長模式。

其實『運氣』這個東西，是我們無法用肉眼看見的，只能用感覺去試探它的存在。

在從生旺期到入墓期爲一種『有感』的『運氣』形式。從入墓期到胎、養、是一種『無感』的運氣形式。這兩者的分類點就是『絕』這個氣。

運氣到『墓』時，已完全停止活動了。到『絕』的時期，則完全消失，沒有了。

其實，這也是一個新的開始，慢慢再重新經過胎、養的程序再發展出一個新的運氣。中國的『易經』就是一本專門探討運氣的書。

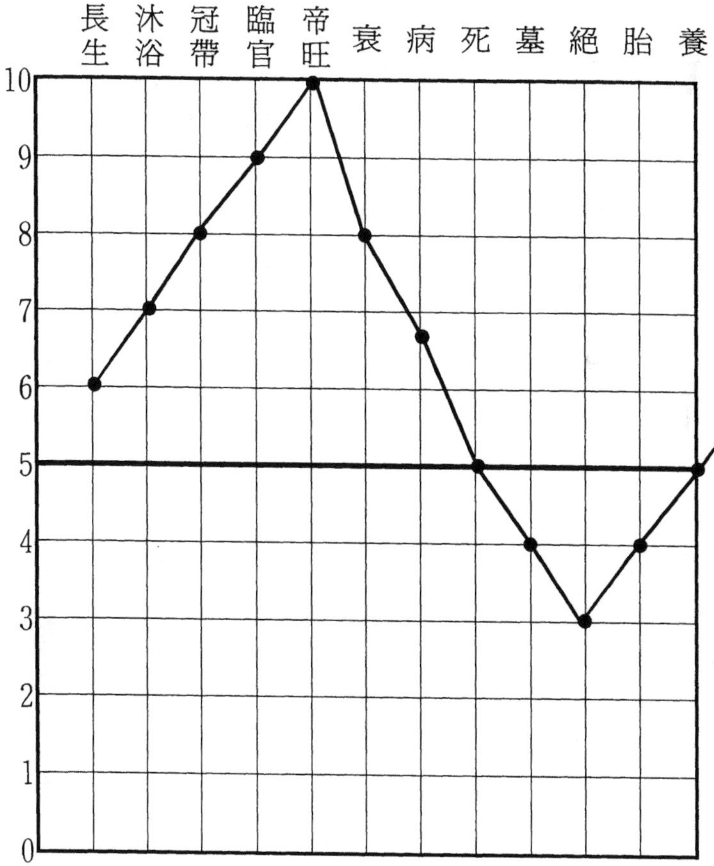

左列就是運氣五行局中十二神的『運氣生旺表』

如何掌握
旺運過一生

在我們知道運氣有一定的運行方式之後，接下來看旺運的要件：

旺運的要件：

一、首重本命命宮的主星居旺：

不管你本命命宮裡的主星是吉星居旺或是煞星（羊陀、火鈴、七殺、破軍等）居旺。吉星更吉。煞星居旺時，也不會爲禍（可說是爲禍不多）可讓四方、三合的吉星發揮強烈的助長旺運的功能。

二、流年、流月中的流年命宮與流月命宮的主星，必須是吉星居旺。流年命宮、與流月命宮是你當年、當月所身逢之運氣，當然必須吉星居旺才算旺運。

三、旺運必須要有連接持續的狀況出現，才算是真正的旺運。旺運必須有三年以上的連續性，才會有用。我們可以看看紫微在丑宮的人，一、兩年平順，接下來二、三年弱運，再一、二年平順，再二、三年弱運，這種走一步退兩步的狀況，如何能稱做『旺運』的命格呢？

因此『旺運』的流年必須要有持續性，才能發揮『旺運』的作用。

四、『暴發運』即是所謂的『偏財運』也是一種極度的旺運，在『偏財運』之後的一年也必須是吉星居旺的流年坐星，才能保持長久。

4 每個人都擁有的好運

在每個人的命盤裡，都有紫微、天機、太陽、武曲、天同、太陰、貪狼、廉貞、天府、天相、天梁、巨門、七殺、破軍、祿存、文昌、文曲、擎羊、陀羅、火星、鈴星等二十一顆主星。左輔、右弼、天魁、天鉞，四顆輔星及化權、化祿、化科、化忌四顆化星。

其中紫微、天府、祿存、左輔、右弼及祿（祿存、化祿）、貴（天魁、天鉞）、權（化權）、科（化科）是沒有旺弱之分的，因此都可直接的帶給你吉祥的旺運。這是屬於每個人都有的旺運星座。

我們發現人的運氣常隨流年、流月所坐命宮的主星而發生變化、實際上，人的外貌也是隨流年命宮、流月命宮所值之星座的旺弱而有所變化的。這麼說，一點也不假！

如何掌握
旺運過一生

你可以仔細觀察你自己或你周遭的好朋友，當你或他們在走紫微、天府、天相、天梁，這些居旺的星爲流年、流月的運程時，你會發現自己或朋友，都是氣定神閒，做事輕鬆容易、辦事效力高。本人的個性較溫和、思慮清楚、明確，不會被人左右。在外面所遇的環境都非常好，讓你辦事順利，很少遇到討厭的人。因此你的情緒非常穩定、寬容。就算是偶而遇到一個暴躁的人，不愉快的事，你也能平心靜氣的加以解決。

你再觀察，倘若你或朋友在走七殺、破軍、擎羊、陀羅、火星、鈴星等流年坐命星的運程時，你自己或朋友的性情很急躁，做事速度快而潦草。好像內心有一股莫名的催動力量，在逼迫你快點！快點！所以你或朋友便不由自主的心煩起來，衝動起來，加快了步伐前進。外貌也會變得臉臭臭的了！

再觀察，當流年、流月逢天同這顆『懶福星』的運程時，你可是懶洋洋的不想動呢！若天同居平陷，你們可是心裡很急想作點事，身體卻不想動。或是忙了半天，都忙些玩樂的事，正事卻一點不想碰！

再看看，每次你受傷（大、小血光）的時間，其流年、流月裡是不是正逢羊陀入宮的運程。擎羊也是羊刃。羊刃坐流年、流月裡最準。陀羅是牙齒和手足的傷害。

我們有了這些資訊，就可以在命盤上找出旺運的年份、月份。也可以找出不吉的年份、月份加以小心防範。

吉星每個人都有，凶星每個人也都有。只是隨紫微所落坐的宮位，讓這些星的配置有所變化而已。因此好運是每個人都擁有的，弱運也是每個人都擁有一些。如何在旺運加快速度，辦一些你認為重要的事情和決定。例如參加考試、或另找工作之類。弱運時則放慢腳步，以靜觀變，等待下一個旺運期，這才是擁抱旺運、明哲保身的最佳方法。

第二章

創造未來的旺運周期表

紫微幫你找工作

『男怕入錯行，女怕嫁錯郎』。
現在的人都怕入錯行。
你目前的職業是否真是適合你的行業？
入了這一行，為何不賺錢？
你要到何時才會有自己滿意的收入？
法雲居士用紫微命理幫你找出發財、升官之路，並且告訴你何時是你事業上的高峰期，
要怎麼做才會找到自己有興趣的工作？
要怎樣做才能讓工作一帆風順、青雲直上，沒有波折？
『紫微幫你找工作』就是這麼一本處處為你著想，為你打算、幫助你思考的一本書。

如何掌握
旺運過一生

1 紫微在『子』宮時的基本命盤看旺運

當你的命盤組合是『紫微居子宮』的時候（如圖二），我們可以從氣運圖上（圖三）看到，你一生的運氣是這樣的：

第一個旺運高潮點

◎你一生的運氣以『子午年』爲最好，也就是在鼠年及馬年的時候是第一個旺運高潮點。因爲在紫微星、貪狼星的相互照映之下，萬事皆吉，人緣特佳，而且還會有一些意外的好運。倘若你的職業與人際關係有關，可以好好利用這兩年的時間，發展人際關係將是無往不利的。

◎在這個『紫微在子』的命盤組合裡，若是在下列的時辰出生的人，在命格上都會形成『火貪格』、『鈴貪格』，會產生爆發型的旺運，也

①紫微在「子」宮的命盤格式

陷 太陰 巳	旺 貪狼 午	陷 陷 天同 巨門 未	得地 廟 武曲 天相 申
平 廟 廉貞 天府 辰			平 得地 太陽 天梁 酉
卯			廟 七殺 戌
得地 破軍 寅	丑	平 紫微 子	平 天機 亥

(圖二)

紫微在「子」的命盤格式運氣圖

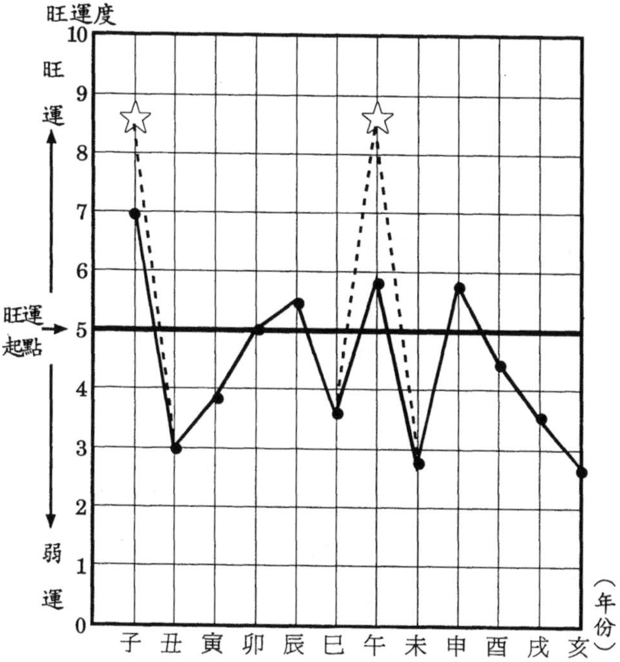

＊上部☆星點為『火貪』『鈴貪』爆發『偏財運』的旺運
＊下部★星點為『廉殺羊』的惡運終點

(圖三)

就是我們俗稱的『偏財運』了。

寅午戌年生的人：生在巳時、亥時，有火星同宮或相照。
生在卯時、酉時，有鈴星同宮或相照。

申子辰年生的人：生在辰時、戌時，有火星同宮或相照。
生在寅時、申時，有鈴星同宮或相照。

巳酉丑年生的人：生在卯時、酉時，有火星同宮或相照。
生在寅時、申時，有鈴星同宮或相照。

亥卯未年生的人：生在卯時、酉時，有火星同宮或相照。
生在寅時、申時，有鈴星同宮或相照。

當『火貪格』、『鈴貪格』在子、午年形成時，在人生、在事業上和財富上都會帶來突起的重大變化。也會讓人意氣風發，不可一世。但是在這個旺運的格局之後，還是有一些隱憂存在，因爲接下來的一年走得是天同星與巨門星陷落的運程，又會讓你像是坐雲霄飛車一般的急轉直下，煩惱不堪。再接下去的一年若又是一個『廉殺羊』、『廉殺陀』的格局，大好之後的大壞，就立顯分明了！

因此你要有控制自己情緒的能力，持盈保泰、趨吉避凶的本事，才能把人生過得平順。

第二個旺運高潮點

◎『紫微在子』的命盤格局中的第二個旺運高潮點在酉年（雞年）。太陽、天梁星入宮當值，這是一個『陽梁昌祿格』的基礎格式，凡具有『紫微在子』命盤格式的人較容易擁有此格。這是利於考試及升官，大顯威名的運勢。在這一年中考試能得心應手得到好的成績。作事的人能升官揚名，但是在錢財上的獲得卻較少。

卯年的運勢，因處於空宮，太陽、天梁在對照的位置，運勢較弱，但仍能得到『陽梁昌祿』的美名，只要沒有煞星（火鈴羊陀）等同宮或對照的話，運氣還是不錯的。

第三個旺運高潮點

◎第三個高潮點在申年（猴年），有武曲、天相同宮，代表著財富穩定的成長，萬事順利，生活舒適。但是對宮有破軍星相照，破軍星是一個喜愛衝鋒陷陣的將軍，因爲這顆星的擾亂，會讓你在平靜舒適的生活中，又想開拓打拼新的事業與從事新的事務，根本靜不下來。

破軍星也讓你耗財很多，製造出許多破財的機會。反正『財去人安樂』，只是事後隔了很久你才會心痛。

因此，在寅年破軍星當值的時候，你就是在不斷的打拼，與不斷的大小破財中渡過的。所幸對宮的武曲、天相的幫忙，老天也會讓你有足夠的錢財來應付這些麻煩的。

弱運低潮點

◎在這個『紫微在子』的命盤格式裡，低潮點在丑年（牛年）、未年（羊年）、巳年（蛇年）、亥年（豬年）。

丑、未年是因為天同、巨門星俱陷落的關係所影響的。巳、亥年則是天機、太陰居平陷所造成影響的，這兩個格局有明顯的不同。

首先來談丑、未年天同、巨門這組星。天同、巨門陷落的時候，人常感到辛苦，奔波忙碌，是非又多，讓人充滿了無力感。天同陷落，無力造福，只能造成心境上的怠惰感。

巨門陷落，是非糾纏不清，造成對人對事的疑惑更深，常令人在思路上短路，所做出的事情常受到別人的攻擊，尤其是口舌上的是非尤烈。我們可以看到某些政治人物常因言語上的用辭不當，而遭眾人圍剿的情況，這就是『同巨居陷』所帶來的困擾了！因此人在走這個運程時，是不能不小心的，以少說話為妙！

巳、亥年當值的太陰、天機這組星。天機居平，太陰居陷。因此在命途的運程中變化較多，卻又是不佳的變化。讓人在事業、家庭、錢財、學業、處世上都覺得困難重重。

太陰陷落，與女人的關係又不好，很多『紫微在子』命盤格式的男人逢此運時在這兩個年份離婚，使人生與生活上產生了很大的變化。女人碰到太陰陷落也很慘，常遭騙，被自己要好的女性朋友騙去錢財等等，然後又不甘心，惹出更多的問題！

總而言之，有這顆太陰星陷落的人，在走這個太陰陷落的運程時，不管是男是女，在家裡時和家中的女人都處不好。在外與女性朋友、女同事，甚至是偶然在店中遇見的女店員，都會有不順的情況發生，好像處處吃女人虧似的。其實知道了這個道理，自己端正自己的行為，儘量隱忍避免是非，渡過了這個太陰陷落的流年、流月，一切都會改觀的。

巳、亥年的這組天機、太陰相對照的星，實際上也是『機月同梁格』中的兩顆星，我們在命盤中的三合地帶很容易的找到了天同、天梁兩星，因此這個格局形成的非常完整。命書上說：『機月同梁為吏人。』主要是因為擁有這個格局的人（天機、太陰坐命的人），財運都不怎好，尤其太陰是財星又居陷位時，財務不穩，只有從事按時發薪水的公務員，才不會發生財務上的困難。

雖然天機、太陰居平陷肯定是有阮囊羞澀的煩惱，但是戊年生的人有祿存在巳宮，壬年生的人有祿存在亥宮的時候，因祿存這財星居廟旺入宮，情況就大大的不一樣了！運氣跟財運也會擁有至少是小康的局面了。

『廉殺羊』的隱憂

◎在辰戌宮的這組星曜中，廉貞、天府同宮，和七殺星相對照。如此的形勢，讓你非常忙碌，在你認真的計劃之下，也賺了不少錢財，生活是在一種穩定持續的忙碌中渡過的。心中有目標，人也顯得神彩奕奕，運氣還算不錯。

但是……但是……在這個格局中幾乎很容易的碰到羊陀同宮、對照或在三合地帶的照會。在大運、流年、流月三重重逢之下，有性命堪憂的困擾。因此在這個三重重逢的交集點時，最好放下一切到寺廟修禪，躲過這一劫！否則沒有了生命，也是萬事皆休了！

尤其是在這個『紫微在子』的格式裡，而又是廉府坐命或是七殺坐命宮的人，而又生在乙年、丙年、戊年、辛年、壬年的人，你要注意了！『廉殺羊』、『廉殺陀』、『化忌加擎羊』的劫數是不得不防的呀！除去這一劫的交集點，其他的時候如年份（龍年、狗年）或月份（流月）碰到，也要份外小心！譬如血光、車禍的發生。

同時在這個『紫微在子』的基本命盤格式裡，廉府坐命的人和七殺坐命的人，與母親不是無緣在一起，就是母親早逝，幼年運算是不好的了，所幸朋友運倒是不錯。廉府坐命的人和七殺坐命的人雖然有『廉殺羊』、『廉殺陀』的隱憂，若是時辰生得好，卻也有爆發『偏財運』的好機會，這可說是有得也有失了！

『紫微在子』命盤格式的人

旺運的時辰爲：

子時《夜間十一時至一時》、午時《中午十一時至下午一時》。凡事皆吉，由其是從事和人緣有關的事務更是大吉。因此午間餐會，或是夜間吃宵夜都是你想攏絡人時的最佳手法。

其次旺運的時辰是辰時《早上七時至九時》、申時《下午三時至午時》。可從事與業務、人際關係有關的事務，凡事策劃順利，可進財。

弱運的時間爲：

丑時《凌晨一時至三時》、未時《下午一時至三時》。在這些時間內是非太多，沒有貴人，凡事不順。丑時應趕快回家休息睡覺，未時亦可稍爲停止活動，等到三時到了的申時，再努力打拼，一切都可順利完成，否則在未時一定要做，也是徒勞無功的白做了！

另一組弱運的時間在巳時《早上九時至十一時》、亥時《晚間九時至十一時》。因巳時是太陰陷落，進財跟人緣都差，困難重重。亥時有天機居平陷的關係，事情容易產生壞的變化，由於巳亥宮是相照的，所以在這兩個時辰與女人商談事務，總會敗下陣來，困難更多，因此不算是個好時機！

2 紫微在『丑』宮時的基本命盤看旺運

當你的命盤組合是『紫微居丑宮』的時候（如圖四），我們可以從旺運圖上（圖五）看到，你一生的運氣是這樣的：

第一旺運高潮點

◎在這個『紫微在丑』的命盤組合裡，你一生得的運氣以『丑未年』爲最好，也就是牛年、羊年。

其中以牛年的運氣較羊年更佳，是第一個高潮點。在紫微星、破軍星居廟旺的坐鎮之下，對宮又有吉星，也是福星的天相來相照映。這是一個凡事順利，又具有開拓精神的一年。積極打拚，開疆拓土，勢如破竹，在這一年發揮的淋灕盡致，非常徹底。若是你想改行，或是開拓發

②紫微在「丑」宮的命盤格式

廉貞(陷) 貪狼(陷) 巳	巨門(旺) 午	天相(得地) 未	天同(旺) 天梁(陷) 申
太陰(陷) 辰			武曲(平) 七殺(旺) 酉
天府(得地) 卯			太陽(陷) 戌
寅	紫微(廟) 破軍(旺) 丑	天機(廟) 子	亥

(圖四)

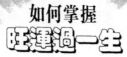

紫微在「丑」的命盤格式運氣圖

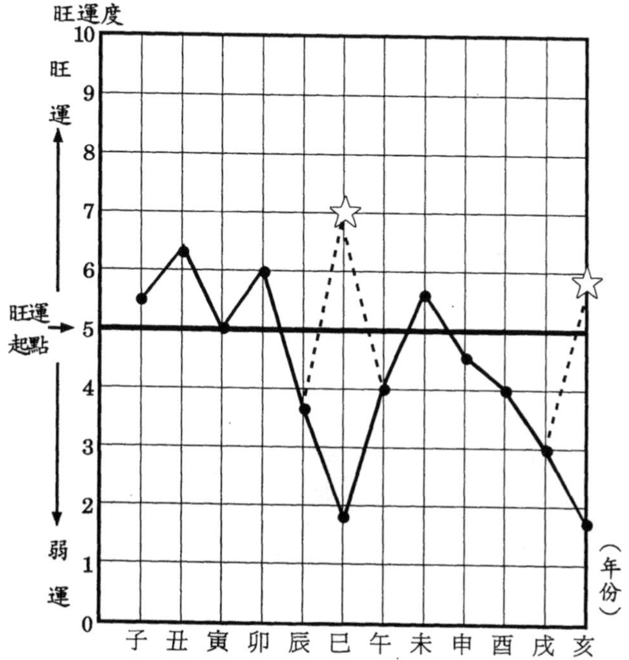

＊☆星點為『火貪』『鈴貪』爆發『偏財運』的旺運

(圖五)

如何掌握
旺運過一生

展新的事業，牛年對你來說會是最有利的時機了！

破軍星是一顆好戰的星曜，在古代時每逢破軍星當值的年份，必有戰爭發生。這顆星在人的命盤中，也代表了奮鬥意志高昂的時刻。在你行運經這個年份及月份中，你會不由自主的想打破目前的現狀。例如想離職去尋找更高的職位，或是想換更好的工作環境。也有人是在破軍星當值的年份換配偶或是換情人的。

總之，破軍星會讓你凡事都很積極的努力去突破，是屬於一種先破壞除舊的心情。因此在這個年份裡，你會做了許許多多你以前一直想做而沒有做到的事情。

在牛年的年份又因為『殺破狼格局』的形成，在『丑酉巳宮』。因此人生的變動極大。倘若命宮又是『紫破坐命丑宮』的人，一生動蕩不安，生活及職業的形態也是奔波勞碌型的。例如軍人、船員、奔波各地的商人及做運輸行業之類的工作。

◎在未年（羊年）的年份裡有天相獨坐，因是福星，若沒有擎羊、陀羅星的同宮的話，雖有對宮紫微、破軍的影響，只是徒增忙碌。穩定的成份居多，打拼並不十分賣力。

若有擎羊、陀羅星同宮得到助力，人就會變得積極了。但是紫破與羊陀同宮或相照，會有身體遭傷或是殘疾的危險，要小心注意了！

◎在巳、亥宮中若再有火星、鈴星同宮或對照的話，會有一點旺運。如：

寅午戌年生人，在辰時出生、戌時出生者有火星（辰時偏財運較強）
寅時出生、申時出生者有鈴星（寅時偏財運較強）

申子辰年生人，在卯時出生、酉時出生者有火星（卯時偏財運較強）
丑時出生、未時出生者有鈴星（未時偏財運較強）

亥卯未年生人，在寅時出生、申時出生者有火星（申時偏財運較強）
丑時出生、未時出生者有鈴星（未時偏財運較強）

◎在『紫微在丑』的基本命盤格式中，紫破坐命的人縱使在夫妻宮或官祿宮有火鈴同宮或相照，得到一些突發的好運，但是終究是事業波折較多。而且此格局中的財帛宮有武曲、七殺入宮，『因財被劫』賺得辛苦，花費更多。所幸！福德宮有天府星，所以你本人還是享受得到，也享受得很好，故而也算不得有什麼遺憾的了！

第二個旺運高潮點

『紫微在丑』命盤格式中，第二高潮點在卯年（兔年），有天府星入坐。

◎在卯年這一年中生活上很富足，絕對沒有金錢上的煩惱，人緣也好，雖然依然很忙，但做事按步就班，中規中矩，很得到別人的愛戴。

◎為什麼在這組『卯酉宮』對照的星組裡，酉年卻不是高潮點呢？主要是因為酉宮的武曲財星居平陷的緣故。七殺星雖居旺，真正的『因財被劫』，忙碌苦拼的結果幸而有對宮天府庫星的回照，才得以平順，也因此在運程上是辛苦的，旺運的分數也就不高了。

第三個旺運高潮點

◎『紫微在丑』的命盤格式裡，第三個高潮點在『子午年』，也就是鼠年、馬年。

　鼠年天機星入宮，是『思變』的一年。對宮巨門星相照，在外是非多，在家裡也不好過，口角多，因為本人走這個運『好辯』的關係。所幸天機、巨門皆居廟旺，靠口才耐心一點，可化解是非。或是在此運程裡利用口才賺錢，無往不利。忙碌一點之後，也可減少了家中的口角是非了。

弱運低潮點

◎在『紫微在丑』的命盤格式中，最低潮的時刻是巳、亥年（蛇年、豬年）。逢廉貞、貪狼俱陷落入巳宮。巳年是巳宮正值流年命宮，亥宮是空宮。會相照巳宮的流年命宮。

在巳、亥這兩年的運氣裡，都是對外關係不佳。不管是對家人，職業上、業務上需要交涉的人，或是朋友間的關係，都顯得滯礙不順。因此心情也份外煩悶。倘若你的命盤格式，也正好是這個『紫微在丑』的基本型態，那你一定對剛過去的這個豬年映像深刻，運氣不順的程度讓你哀哀叫苦。在豬年時，我算過最多的命理格局的人，都是這個『紫微在丑』的命盤格式的人。

倘若又是廉貪坐命在巳宮，或是坐命亥宮為空宮的人，因廉貪俱陷落，一生顛沛流離，勞碌孤寒，沒有特大的旺運。就算火鈴同宮也發不了特別的大財。若有祿存同宮稍富。此格最好從事軍旅職。

廉貪坐命巳、亥宮者，若再有陀羅星入命，為『風流彩杖格』，很可能因酒色破財、喪生，是為桃花劫煞。女子若是逢此命，多為娼妓之命，運氣也就可想而知了！

次弱的低潮點

◎在『紫微在丑』的命盤格式中，次差的弱運年份為『辰、戌年』（龍年、狗年）。

龍年逢太陰陷落，太陰是財星，居陷落時，進財較困難。對宮太陽相照也是陷落無光，生命較晦暗，為『日月反背』的格局。男人走太陰居陷的運時，與家中及外面的女人都處不好，沒有女人緣也沒有男人緣，財少不順。

女人在走太陰陷落的運時，幼年逢到此運，與母親無緣，不是難相處就是母親早逝。中年時逢此運，代表自己的身體不好。晚年時逢此運，代表與女兒無緣。

太陰坐命在辰宮的人，一生的財運沒有起色。但是辛苦努力在老年時還是能積蓄田宅的。

戌年逢太陽陷落入宮，『紫微在丑』命盤格式的人逢此運時，與男人相處差。若是男人逢此運，事業上無法突破，心情煩悶。在人前光彩暗淡，常有與別人相比，總是比不過的遺憾，默默的躲在人後，或做些吃力不討好的工作。也有人在太陽陷落的運裡，又逢煞星和流年貫索，就蹲在監獄中了。

女人在逢太陽陷落的運中時，在家中與父親、丈夫、兒子都處不好。時有爭執，但吵架也吵不過他們。在外上班與男性上司、同事也又處不好，也爭不過他們。

因此若是你在走太陽或太陰陷落的運時，就要先有自知之明，不要與這些男人和女人有正面的衝突發生，否則也是自己吃虧，讓自己的心靈受傷更深。

太陽在戌宮坐命的人，若是能規規矩矩的上班，不企求太多的話，一生也還是順遂的。至少他們有身為福星的配偶，和感情緣深的子女相伴。朋友間的關係也算不錯，也有祖產讓他花用。職業上以從事口才的職業為佳，雖然錢財上的是非不少，但總能靠他的口才擺平的。

太陽在戌坐命的人，最要注意自己的眼睛，和花柳病的問題。

『紫微在丑』的人旺運時辰

最佳的時辰為：丑時《凌晨一至三時》、卯時《早上五至七時》、未時《下午一至三時》、午時《中午十一至一時》。

丑時在夜間，若你是從事夜間工作的人最好了，利於打拼。

卯時的時段人緣佳，利於作進財的工作，一板一眼的非常踏實，一定會得到好成績。未時是福星高照，樂於為人服務、熱心公正的好時間。

午時《中午十一至一時》，是說服別人最好的時間，你也會發覺在這段時間內，你的口才特別的好。

弱運的時辰

弱運的時辰為辰時《早上七至九時》、巳時《早上九至十一時》、戌時《晚上七至九時》、亥時《晚上九至十一時》。

在這些時間內不宜作1.人際關係，2.變動，3.決策的制定等等與運氣有關的事情。

3 紫微在『寅』宮時的基本命盤看旺運

當你的命盤組合是『紫微居寅』宮的時候（如圖六），我們可以從氣運圖上（圖七）看到，你一生的運氣是這樣的：

第一個旺運高潮點

◎你一生的運氣以『辰戌年』爲最好，也就是在龍年、狗年的時候，是第一個旺運高潮點。因爲武曲、貪狼星形成『武貪格』。這是一個爆發『偏財運』的強勢格局。其實根本不用別人教你如何發財？在你所經過的人生過程裡，你已然發覺到，你已擁有了這個每隔六年一次的好運道了！

因此，擁有『紫微在寅』命盤格式的人，恭喜你了！你就是那全世

界三分之一幸運人類中的一員了！（除了壬年、癸年出生的人以外，不管你是坐命在那一宮都是）

倘若你是下列時辰出生的人，形成『武貪』、『火貪』、『鈴貪』雙重的爆發運在同一年份上，所爆發的旺運及偏財是難以想像的大了！

寅午戌年生的人，在卯時、酉時出生者，有火星同宮或相照。
在丑時、未時出生者，有鈴星同宮或相照。

申子辰年生的人，在寅時、申時出生者，有火星同宮或相照。
在子時、午時出生者，有鈴星同宮或相照。

巳酉丑年生的人，在丑時、未時出生者，有火星同宮或相照。
在子時、午時出生者，有鈴星同宮或相照。

亥卯未年生的人，在丑時、未時出生者，有火星同宮或相照。
在子時、午時出生者，有鈴星同宮或相照。

當『武貪格』的格局又再加上『火貪格』、『鈴貪格』的時候，所

③紫微在「寅」宮的命盤格式

巨門(旺) 巳	廉貞(平) 天相(廟) 午	天梁(旺) 未	七殺(廟) 申
貪狼(廟) 辰			天同(平) 酉
太陰(陷) 卯			武曲(廟) 戌
紫微(旺) 天府(廟) 寅	天機(陷) 丑	破軍(廟) 子	太陽(陷) 亥

(圖六)

紫微在「寅」的命盤格式運氣圖

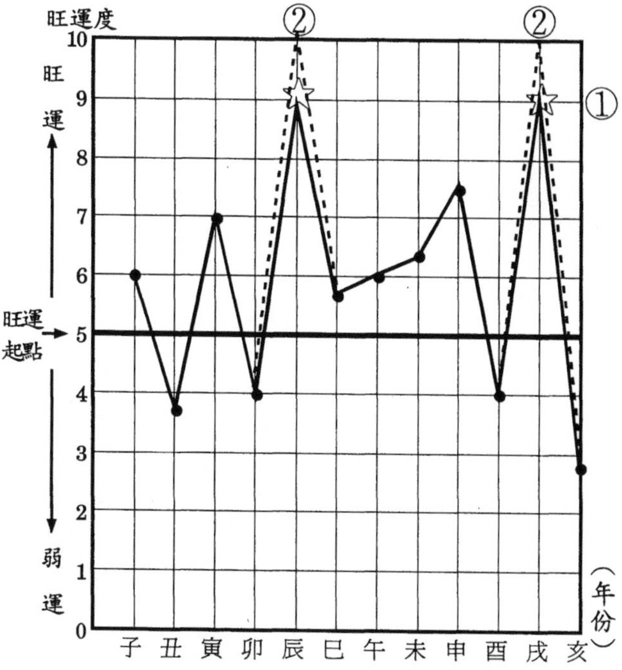

*①是『武貪格』爆發『偏財運』的旺度點
②是『武貪』加『火鈴』所爆發最強『偏財運』的點

(圖七)

爆發的『偏財運』多半是經由事業上爆發旺運，繼而得到大財富的。

我們有許多例子可以證明這一點，例如我在上一本書《如何算出你的偏財運，書中第九十二頁》提到張榮發先生的命盤中，就是這個『武貪加火鈴』的格局。

也因爲爆發的『偏財運』是經由事業上的管道，故而所享受的好運較長久。經由辛苦的汗水結合，比較沒有暴起暴落的煩惱。

『陽梁昌祿』格局

在『紫微在寅』這個命盤格式中，若是乙年生的人，祿存星在卯宮，不管文昌星是落在亥、卯、未那一宮，『陽梁昌祿格』就在三合地帶，很完整的形成了。這是利於名聲遠揚，升官利學的大好格局。

『機月同梁』格局

在『機月同梁』這組星中，雖然說是『機月同梁爲吏人』。但是我們可以看到四顆星的位置，除了天梁居旺以外，其餘三顆星都處於陷落的位置，因此若做公務員或上班族是很辛苦的，但是較有保障。

『殺破狼』格局

在『殺破狼』這組格局中，子年的破軍星，衝力十足，利於開拓，所以子年是開拓創新的一年。破軍星當值也代表破耗很多，可利用來投資，這一年在錢財上收獲少。

辰年貪狼星當值，是『武貪格』爆發的一年，在事業上、財富上能獲得極大的成就。

申年有七殺星入宮，對宮是紫府相照，這一年忙碌打拼，錢財獲得豐裕。

在『殺破狼』的格局所逢之年，人生都會有重大轉折。就『紫微在寅』這個格式中來講，因爲每顆殺、破、狼的星都居廟旺，因此這些轉變都是好的，吉祥的，將可帶你至更高的境界。你可好好的把握。

第二個旺運高潮點

『紫微在寅』的命盤格式中，第二個高潮點在『寅』宮的紫微、天府和『申』宮的七殺這組對照的星組。

寅年逢紫微、天府入宮。運氣也是第一流的，進財順利且容易。對宮七殺相照，忙碌中快樂而有尊嚴的生活著，別人都很敬重你，一切都吉祥太平。

申年逢七殺入宮，也是吉祥如意的一年，忙碌的狀況更顯著了。對宮是紫府相照，七殺是戰將星，必須奔馳沙場爭戰，紫府兩顆星保障了戰將星爭戰順利。故此年利於競爭，若是從事競爭較強的行業，可要好好把握這一年了！

比較平順的年份

『紫微在寅』的命盤格式中，屬於比較平順的年份有子年（鼠年）、巳年（蛇年）、午年（馬年）、未年（羊年）。

子年有破軍星當值。人的精神容易亢奮好戰，是一個喜歡打拼奮鬥的年份。破軍處在廟旺的位置，打拼的成果是非常輝煌的。但是好戰必定有破耗，因此就有金錢耗損較多，身體較易受傷的問題存在了。所幸對宮一顆天相福星相照，讓你的破耗不至於血本無歸，最終讓你平安的過了這一年。

巳年巨門星居旺入宮。巨門暗曜，雖然給你帶來許多是非口舌和麻煩，巨門星居旺的話，也讓你有極佳的口才，可以利用口才去說服別人。我們常發覺在巨門星居旺的流年、流月中，人會變得好辯，就連吵架都會贏！（巨門居陷則反之）可把握這巨門星較對人有利的特性。

未年有天梁居旺入宮。天梁星是貴人星，居旺的時候，其人較溫和慈善，較能體貼他人，因此會得到更多的人緣。天梁也是有利於名聲遠揚、考試及升官的吉祥星曜。但是這顆星較清高，故對錢財是沒有什麼幫助的。

弱運低潮點

『紫微在寅』的命盤格式低潮點，在亥年（豬年）、丑年（牛年）、卯年（兔年）。這也是弱運的年份。

弱運的亥年

亥年逢太陽陷落，對宮有巨門星相照。這一年，太陽暗淡無光，人的精神萎靡不振，心情煩悶，有志難伸之感。還有是非口舌又多，造成很大的困擾。想立即解決，但愈纏愈不清。且是年眼睛有疾病。在這段時間內，與男人的關係都不好。男人在同性的團體中，無法開展友誼、施展抱負。若是女人則與男性家屬，及友人、同事等不易相處。

凡是走太陽陷落的運時，人生常有晦暗的感覺，事業、錢財、人際關係都有不順的煩憂。宜多忍耐，過了這一年就好了。

弱運的丑年

丑年逢天機落陷入宮，天機是一顆極易變動，不穩定的星曜，當人生在逢天機星當值時都有變動。不管是事業上的、家庭上的、人生上的。逢天機星當值的時候，也常常搬家。

天機星陷落時所發生的變動都是不佳的。在這個時候，人的生活上、事業上也往往有許多問題浮現，急迫的需要你立刻解決。但是天機陷落，運氣不好的時候，勸你別急著決定任何事情。因爲運氣不佳的時候，往往所做的決定也不是最好的，不但以後會後悔，而且一但作成決定，立即又會在另一個弱運的時候傷害到了自己，讓你得不償失。

所幸的是天梁居旺相照，因此你可離家到外面去尋找貴人，相信會帶給你很大的幫助。

弱運的卯年

卯年太陰陷落入宮，太陰是財星，陷落之後，進財較困難。對宮是天同居平，因此在卯年時，你的心境較懶。但因財少又必須忙碌去賺，忙了半天都是瞎忙，根本沒做成任何賺錢的事情。在這段時間內與女人的關係也差，要儘量減少與女人的磨擦。

旺運的時辰爲

旺運的時辰爲寅時《早上三時至五時》、辰時《早上七時至九時》、戌時《晚間七時至九時》。

◎寅時紫府入宮，凡事皆吉，且可大進財。你若是個企業的負責人，可選擇此段的時間打高爾夫球以促進商機。你若是個平民小老百姓，也可動動腦子看看，例如晨跑、運動中，是否也能找到商機與好運。

◎辰時爲『武貪格』的旺運時辰，你更要在早上外出，尋找有任何好運會落在你的身上。這個時候，你的人緣也是非常出色的。

◎戌時也是『武貪格』的旺運時辰，晚上多彩多姿的夜生活，能幫你進財，且帶來意外的好運財富。

次級的旺運時辰

次級的旺運時辰爲子時《夜十一時至凌晨一時》、未時《下午一時至三時》、申時《下午三時至五時》。

◎子時爲破軍廟旺，是個心境容易衝動打拼的時間，可惜已經入夜，如果你是個夜間工作者，那此時正是時候！

◎未時爲天梁居旺，是個心境平和、關心別人、敢擔當的心境的時刻。人緣極佳，此時又是個貴人常顯現的時刻。在這個時間裡，你不但可交到好朋友，可尋找到好生意，也會給你帶來好名聲。

◎申時爲七殺居廟，是個喜愛努力奮發去打拼的時刻。你可把平常看作困難的事情，放在此時去做。對宮紫府相照的好運，定可幫助你馬到成功！

弱運的時間爲

在『紫微在寅』的命盤格式裡，弱運的時間爲丑時《夜一至三時》、卯時《早上五至七時》、亥時《晚上九至十一時》。

◎丑時爲天機陷落，所遇到的事情常發生變化，且是不好的變化。此時在夜間，最好不要利用此時做任何事或決策，否則只會產生反效果，得不償失罷了。

◎卯時是太陰陷落，對宮有天同平陷相照。此時最好不要急著作與財務或與女人有關連的事情，否則也是徒勞無功。

◎亥時爲太陽陷落入宮，對宮有巨門相照。此時最好不要與人商談重要事務，尤其對方是男人的話，你總是屈居下風，事情很難談得成，縱使你勉強爲之，接踵而來的是非，更讓你應接不暇。

另外的時辰：

其他的兩個時辰，如巳時《早上九時至十一時》、午時《中午十一時至下午一時》的情況是這樣的：

巳時為巨門居旺，此時是非口舌較多，宜小心！尤其是與男子的是非尤烈。但是口才伶俐的話，這個時間是最容易說服別人的旺運時刻。可好好把握！

午時有廉貞、天相入宮，此時可好好企劃你想做的下一件事情。這也算是個平順的時間。

如何創造事業運

4 紫微在『卯』宮時的基本命盤看旺運

當你的命盤組合是『紫微居卯』宮的時候（如圖八），我們可以從運氣圖上（圖九）看到，你一生的運氣是這樣的：

第一個旺運高潮點

◎你一生的運氣以丑年（牛年）、卯年（兔年）、午年（馬年）爲最好。而以丑年、寅年、卯年連續的三年旺運，形成『紫微在卯』的第一個旺運高潮點。

丑年有天府星廟旺入宮，對宮是廉貞、七殺相照，雖然另有天同、巨門居陷來照會，但以對宮照會力量較強。所以這一年是積極努力，並且在工作上是非常有計劃的在進財。

天府是財庫星，丑年自然財庫豐滿。一切順利，萬事吉祥，人緣也佳。

寅年的運氣是較丑年略遜一點的。所幸太陰是財星居旺，三方之處另有天梁這顆貴人星在當守護神，幫忙照顧著。這一年在旺運中雖有些變化，稍嫌弱一點，還算是非常平順生財的一年。

卯年是紫微、貪狼入宮，這裡紫微星是居旺，貪狼星是居平。對宮又無主星來照會增加吉度，若是有火星、鈴星形成『火貪格』、『鈴貪格』，又是另一番氣象了。

形成『偏財運』的時辰

倘若你是『紫微在卯』命盤格式的人，而又是下列時辰出生的話，你就是具有『火鈴格』、『鈴貪格』的『暴發運』。可以幫你把人生境界提升至更高的境界。

④紫微在「卯」宮的命盤格式

天相（得地） 巳	天梁（廟） 午	廉貞（平） 七殺（廟） 未	申
巨門（陷） 辰			酉
紫微（旺） 貪狼（平） 卯			天同（平） 戌
天機（得地） 太陰（旺） 寅	天府（廟） 丑	太陽（陷） 子	武曲（平） 破軍（平） 亥

（圖八）

紫微在「卯」的命盤格式運氣圖

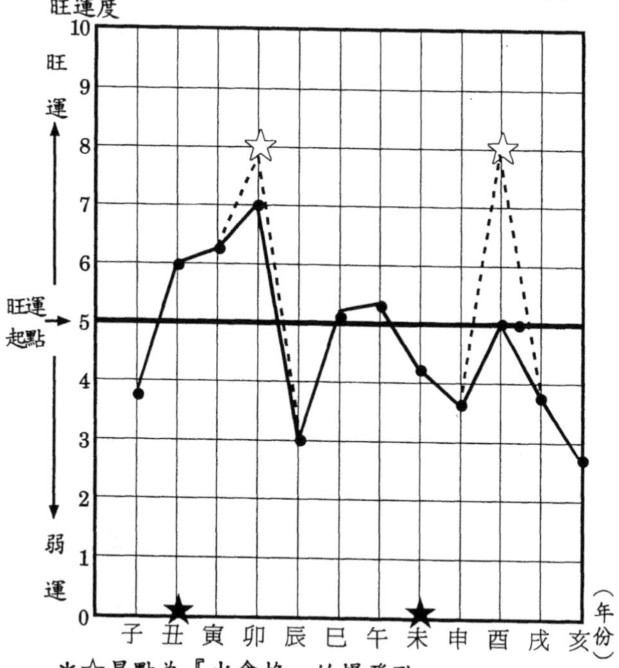

＊☆星點為『火貪格』的爆發點

＊★星點為『廉殺羊格』的凶點

(圖九)

寅午戌年生的人，在寅時、申時出生者有火星。
在子時、午時出生者有鈴星。
申子辰年生的人，在丑時、未時出生者有火星。
在巳時、亥時出生者有鈴星。
巳酉丑年生的人，在子時、午時出生者有火星。
在巳時、亥時出生者有鈴星。
亥卯未年生的人，在子時、午時出生者有火星。
在巳時、亥時出生者有鈴星。

有關『紫微在卯』命盤格式中的『火貪格』及『鈴貪格』的旺度，我在《『如何算出你的偏財運』一書中有述及請參考》。

因爲貪狼在卯居平，若火星在卯也是居平，若兩星同宮於卯宮，所爆發出來的旺運就不是很強，級數較低。火星若居酉宮會比在卯宮稍強。

凡是具有『紫微在卯』命盤格式的人，而又有火星、鈴星坐在卯酉宮的話，都是屬於有偏財運的人了。而在卯年(兔年)、酉年(雞年)爆發旺運。在財運上有一筆意外的收獲。

『紫微在卯』命盤格式的人，所擁有的不管是『火貪格』或是『鈴貪格』，都因為紫微、貪狼同宮所含帶的桃花成份太強，再加上火、鈴、貪狼各星並不居旺的情況下，爆發旺運的旺度是無法和『武貪格』相比的。

又因為爆發運發生後的下一年，走的是辰戌年天同、巨門陷落的運程，暴起暴落的現象是非常明顯的。

第二個高潮點

『陽梁昌祿格』

在『紫微在卯』命盤格式中，第二個旺運高潮點在午年(馬年)，有天梁居旺入宮，這是在這個命盤格式中，所屬的『陽梁昌祿格』中的一顆主要的旺星。若是甲、乙、丙、丁、戊、庚、辛、壬、癸年生的人，有祿存、化祿星在子、午、卯、酉、寅、戌宮。而又再是子時、丑時、辰時、未時、申時、戌時生的人。你的『陽梁昌祿』格真是非常完美，一級棒了！你可好好掌握在這『陽梁昌祿格』的年份時間，如子年、午年、卯年、酉年、寅年、戌年，大展拳腳。在升學、升職的考試及升官進爵方面，會有極高成就的。

值得一提的是李登輝總統就是這個命盤格式的人。在丙子年，他利用這個『陽梁昌祿』格，高票當選第一屆台灣民選總統，就是最好的實例。

『殺破狼』格局

在『紫微在卯』命盤格式裡，『殺破狼』格局的這組星曜中，只有七殺這顆星是居廟旺的，貪狼、破軍都居平，可說是接近陷位了，不能為福。而和七殺同宮的廉貞也是居平不旺，廉殺雙星在未宮，可說是將軍非常勇猛，卻沒有什麼智謀。當然幫人造福是不可能的了。

紫微和貪狼同宮，貪狼較能受紫微的控制，在『殺破狼』格局中，給人帶來吉祥的轉變。

武曲、破軍居亥宮，是平陷的位置。武曲是財星，財星逢破，也算是『因財被劫』不爲福，破耗更多。因此在亥年是存不住財的，而且還做得很辛苦。

總而言之，在『殺破狼』格局的這三組星中，只有紫貪在卯年還能帶給你好運之外，其他的兩組星，只能讓你辛苦破財了！

『機月同梁』格局

在『紫微在卯』的命盤格式中，『機月同梁』這組星非常完整的在三合之處相互照映著。其中天梁、太陰居旺，天機得地，也還算在旺處，只有天同這顆福星居平，帶來辛苦勞碌，馬不停蹄的日子。不過也因爲天梁、太陰居旺位，在官場上會有很好的發展。在這些星曜居旺的日子裡，都會有升官的機會應驗的。

『紫微在卯』命盤格式

弱運低潮點：

◎『紫微在卯』命盤格式的弱運低潮點在辰戌年（龍年、狗年）。

辰年是巨門陷落與戌年的天同居平陷相對照。巨門陷落時，是非災禍頻仍。天同福星居弱時，不能造福，只增辛勞而沒有結果。

龍年、狗年就是這樣一個常因言語惹禍的年份，惹得自己人仰馬翻疲於奔命。因此你要特別小心說話用辭的後果。

巨門是暗曜，因此也會產生一些暗地裡的是非，例如被流言所傷等等的問題，等到你發現時，辛苦勞碌的去撲滅謠言，似乎常有來不及的困難了。

◎未年有廉貞、七殺入宮。倘若擎羊、陀羅在四方之位、三合之處或對宮的位置出現。就有『廉殺羊』、『廉殺陀』的性命之憂，更是不可不防。

如何掌握 旺運過一生

◎亥年有武曲、破軍居平陷的位置，這是『因財被劫』的關係，不進財又破耗多，在這個時間內禍事很多，暴躁的脾氣更會使破耗增加，令你在此時展露出慳吝的本性了。但是沒有辦法，依然要破了財人才會安樂。

◎子年太陽陷落入宮，這一年心情鬱悶，無法展露自己的光彩，又與周圍的男人處不好。想要大展拳腳、又無從使力。人生真是晦暗。再加上眼睛也不好，日子真是難過。所幸對宮有天梁這顆貴人星。不過它一定要在你的運程達到谷底時，才會幫助你，因此你要耐心的等待。

『紫微在卯』的命盤格式

旺運時辰：

卯時《上午五時至七時》，有紫貪入宮，倘若再有火星、鈴星進入或對照，有『偏財運』會在此時爆發，是你具有極端好運的時間。

倘若沒有火鈴同宮或相照，你也可利用此時做一些與人際關係有關連的工作。紫微、貪狼都屬桃花星，人緣桃花極旺。因此這個時間凡事順利、吉祥如意。

酉時《下午五時至七時》，也是紫微、貪狼相照的時間，也利於人際關係的應用。

午時《上午十一時至下午一時》，有天梁入宮當值。這是一個有貴人相助的時間，也利於名聲遠揚的時刻。這個時間也利於和長輩、上司建立關係。倘若你想升官、趕快利用此時去拍拍馬屁，可能有意想不到的升官發財的機會呢！

丑時《凌晨一時至三時》，有天府星入宮當值。這是一個倉豐富足的時間，你若是做期貨生意的生意人，此時正是你大進財富的好時機。

弱運時辰

子時《夜十一時至凌晨一時》，此時是太陽陷落的時辰。不利於你與人交往或談生意的事，你的心情也較苦悶，此時最好獨處或睡覺，養足精神，才能製造旺運。

辰時《上午七時至九時》，有巨門陷落入宮。此時會發生是非災禍的問題太頻繁了。倘若你在此時要出門上班，最好提前出門，在七時以前就到達目的地。否則路上若發生車禍的是非災禍會誤了你的大事。

未時《下午一時至三時》，此時有廉殺入宮。本來七殺居旺是利於打拼競爭事業和生意的。但是若有羊刃在四方三合的地帶出現，就會有『廉殺羊』的血光造成傷亡的慘事，所以這又不算是個好時辰了，寧可在屋內休息，等候下一個時辰再出去做事。

亥時《晚上九時至十一時》，有武破居平陷入宮。在這個時間內，你的個性會轉趨剛直衝動。沒有人緣又破財不斷。因此要停止一切活動，不要繼續造成破耗才好。

5 紫微在『辰』宮時的基本命盤看旺運

當你的命盤組合是『紫微居辰宮』的時候（如圖十），我們可以從運氣圖上（圖十一）看到，你一生的運氣是這樣的：

第一個旺運高潮點

◎你一生的運氣的第一個旺運高潮點，要以你出生的時間來決定。倘若時間生得好，恰有火星、鈴星進入寅宮、申宮，那你人生中的第一個旺運高潮點就會在虎年、猴年所形成的『火貪格』、『鈴貪格』所爆發的『偏財旺運』。

寅午戌年生的人：生在丑時、未時，有火星同宮或相照。
　　　　　　　　生在巳時、亥時，有鈴星同宮或相照。
申子辰年生的人：生在子時、午時，有火星同宮或相照。
　　　　　　　　生在辰時、戌時，有鈴星同宮或相照。
巳酉丑年生的人：生在巳時、亥時，有火星同宮或相照。
　　　　　　　　生在辰時、戌時，有鈴星同宮或相照。
亥卯未年生的人：生在巳時、亥時，有火星同宮或相照。
　　　　　　　　生在辰時、戌時，有鈴星同宮或相照。

當『火貪格』、『鈴貪格』在寅申年（虎、猴年）形成『暴發運』時，在人生際遇上會有各種型式的爆發狀況，例如事業、名聲、金錢、愛情，等等。

『廉貞、貪狼』加『火鈴』這個暴發偏財運的格局，在整個『偏財運的格局』中，不算是旺度級數最高的，它屬於『偏財運』格局中的中

⑤紫微在「辰」宮的命盤格式

陷 天梁 巳	旺 七殺 午	未	廟 廉貞 申
得地 紫微 得地 天相 辰			酉
旺 天機 廟 巨門 卯			旺 破軍 戌
平 貪狼 寅	陷 太陽 廟 太陰 丑	旺 武曲 廟 天府 子	廟 天同 亥

(圖十)

紫微在「辰」的命盤格式運氣圖

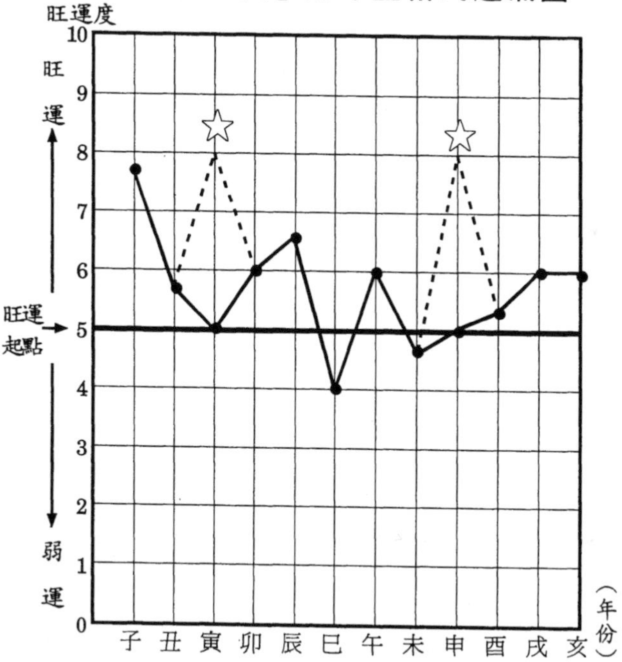

＊☆星點是『火貪格』、『鈴貪格』爆發『偏財運』的點

(圖十一)

下等了。再有，廉貞、貪狼二者皆桃花星、桃花極重，也是影響了這個『偏財運格局』不會專注的爆發在金錢上或事業上的主因。這也是『桃花破財』的明顯例證了。

◎倘若你的『火星』、『鈴星』角度，並不理想，並沒有出現在寅申宮的話，那你旺運的第一個高潮點，應該是『辰年』，走紫微天相的運程。這個運程，是由前兩年（寅年、卯年）的旺運漸漸累積，至辰年而達到一個較高、較旺、較平順安享的旺運高點。

在辰年，因對宮有破軍，你是非常積極忙碌的衝刺於工作上的事物，在三合處又有武曲、天府、廉貞三星廟旺的光芒照耀，這一年事業、財運，都在有計劃的擴展下，旺運就熱哄哄的衝上高點了！錢財也熱鬧滾滾的源源而進了。

辰年，你是快樂的，意氣風發的大贏家。但是接下來的一年就是巳年，天梁陷落的流年裡，又讓你心灰意懶了！不過，放慢腳步，稍作休息也是不錯的，你千萬不要耿耿於懷，因爲到馬年又會讓你累得拚得喘

不過氣來了！

第二個旺運高潮點

◎『紫微在辰』的命盤格局中，第二個旺運高潮點在子年（鼠年）。有武曲、天府入宮當值，這是一個富裕多財的旺運流年。你很拼命計較的在賺錢。但是對宮七殺在照會，也會『因財被劫』的關係，會做出一些爲富不仁的事。在這個命盤格局中，又是在子年時，爲富不仁的狀況以破軍坐命的人、武府坐命、貪狼坐命、天梁陷落坐命、七殺坐命、廉貞坐命的人較嚴重。而且在子年的流年裡和父親的關係不太好，這是要小心改善的。

第三個旺運高潮點

◎在『紫微在辰』的命盤格式中，第三個旺運高潮點是卯年的天機、巨門居旺的時候，這是『機月同梁』格中的一顆星。機巨雙星同宮居旺，又利於讀書研究，這一年，你若在學術上打拚，是會得到極高的聲望的。機巨雙星，並不主財，因此你只能因聲望的提高而得到某些錢財，例如教學、寫作之類的錢財，無法像生意人一樣，財富大進大出。算是一種平順祥和的進財方式了。

『陽梁昌祿』格局

在這個『紫微在辰』的命盤格式中，我們可以看到『陽梁昌祿』格，其中的兩顆主星，太陽、天梁在三合地帶相互照會著。因爲這兩顆星都居陷落的位置，因此在主貴方面，幫助的力量不是很強，但還是有用的，可能在財的獲得上較好。

『機月同梁』格局

在這個『紫微在辰』的命盤格式中，天機、太陰、天同、天梁四顆星中，有三個星居廟旺，只有天梁陷落，因此可以確定的是，所謂具有『

紫微在辰』命盤格式的人，你是非常適合做公務員或大公司上班的上班族的。尤其是專門技術、學術的機構上班，你會工作、生活得都很愉快的。

『殺破狼』格局

在『紫微在辰』的命盤格式中，『殺破狼』格局的這組星曜中，七殺、破軍皆居旺位，只有貪狼這顆星居平。由此我們可以知道，具有『紫微在辰』命盤格式的人，在『殺破狼』格式的鼓動之下，必具備了衝動、積極、苦拚的動力。貪狼這顆星居平陷，更促動了『動』的因子，增加了流年上的不穩定。但是對宮廉貞，冷靜多計謀的企劃能力，控制了貪狼的動感。也使貪狼這顆星尋找到好的方向去發揮。

因此『紫微在辰』的命盤格式的人，縱觀其人生遇『殺破狼』格局，而產生變化時，差不多都是好的變化，或是更上層樓的變化。在所有旺運組合裡算是不錯的了。

弱運低潮點

『紫微在辰』命盤格式裡的低潮點在巳年、丑年。

◎巳年時，天梁陷落入宮，沒有貴人，聲名也呈暗淡的色彩。本身形體十分忙碌、操勞，但都徒勞無功。對宮天同居廟相照，讓你的內心更加懶散。這是一個在心靈上重整思慮，調整人生方向的時刻。以往你只埋頭苦幹，從沒有想過人生到底在忙些什麼事的問題，此刻你都會重新拿出來琢磨？這個巳年雖然算是旺運的低潮點，倒不如說是反省年好一點。

◎丑年時，有太陽陷落、太陽廟旺入宮，日月同宮，常常會造成像日月一樣，馬不停蹄的忙碌狀況。但是因太陽陷落的關係，所堅持努力的事，在表面上都看不出特別的效果，不過呢？錢財卻不聲不響的暗自進了你的口袋裡了，這可能是唯一的收獲了。（太陰是陰財，有暗自增多，財庫裡錢財增多的現象。）

『紫微在辰』命盤格式的人

旺運時辰

『紫微在辰』命盤格式的人，因居旺的星曜很多，故旺運的時辰也很多。

其中：

子時《夜十一時至翌日凌晨一時》，武府當值，利於生財，因對宮七殺相照的關係，亦要小心劫財！

丑時《凌晨一時至三時》，未時《中午一時至下午三時》，日月同宮，這兩個時辰，只利於和女人談事情，不利於和男人談事，尤其是談判的對方是男人的話，你一定會敗北的。

寅時《早上三時至五時》、申時《下午三時至五時》，有廉貪相互照會。人緣桃花很強，由其是申時更好洽商、約會都非常順利。

卯時《早上五時至七時》、酉時《下午五時至七時》，有機巨同宮，在卯、酉宮兩個時間裡，你可以利用發揮自己的口才，推銷商品或是要說服某人，都可輕易辦得到，若有化權星進入此宮，你更是如虎添翼一般的可展露你口才的才華了。

辰時《早上七時至九時》、戌時《晚上七時至九時》，有紫相同宮和破軍互相照會。在這兩個時間裡，對於你所有要努力開拓打拚的事務，都是吉祥的。所以你可以這兩個時間去拜訪客戶，或做一些有突破性的工作，相信會有好成績。

弱運時辰

巳時《早上九時至十一時》、亥時《晚上九時至十一時》，有天梁陷落和天同廟旺，相照會。在這兩個時間內，應該是你該休息一下的時間了，因為巳時是個沒人緣，沒有貴人、徒勞無功的忙碌時間。亥時是個懶散不想動的時間，不休息又還能做些什麼呢？但是亥時屬於天同廟旺的時間內，卻是可以利用來向別人道歉、說好話的軟性時間。在這個時間內，你都不會受到嚴厲的斥責，而且可平安緩和自己的過錯。若有天同化祿在亥宮的人，在亥時更可得到對方的同情幫助。有天同化權在亥宮的人，在亥時更可以平順自然的掌握對方來附合自己的強勢力量，這個天同化權的時間也是利於談判的時間。它就不是弱運時辰了。

午時《中午十一時至下午一時》，有七殺星、居旺、對宮有武府相照。七殺是戰將要出馬去領戰功了，外面有極多的財富在等你去賺！但是也要小心『因財被劫』的困擾、血光與破財等的事情。

6 紫微在『巳』宮時的基本命盤看旺運

當你的命盤組合是『紫微在巳宮』的時候（如圖十二），我們可以從運氣圖上（圖十三）看到，你一生的運氣是這樣的：

第一個高潮點

◎你一生的運氣中的第一個旺運高潮點當然是，丑、未年坐『武貪格的爆發旺運的年份囉！倘若說在丑未宮又有火星、鈴星進入的話，你一生的旺運真是直衝九天雲霄呢！

現在讓我們看看具有這些好運的人是什麼時辰生的？

寅午戌年生的人：生在子時、午時，有火星同宮或照會。

申子辰年生的人：生在巳時、亥時，有火星同宮或照會。
生在辰時、戌時，有鈴星同宮或照會。
巳酉丑年生的人：生在辰時、戌時，有火星同宮或照會。
生在卯時、酉時，有鈴星同宮或照會。
亥卯未年生的人：生在辰時、戌時，有火星同宮或照會。
生在卯時、酉時，有鈴星同宮或照會。

當火星、鈴星進入丑、未宮和原先的『武貪格』形成雙重爆發的暴發運時，其威力真是其勢難當的。倘若這雙重的暴發運又出現在人的命宮，或財帛宮時，此人一生有多次爆發旺運的機會，每隔七年一次，其爆發在事業上的成就與財富上的獲得，真是讓人羨慕不已。

◎但是我們也可從整個的命盤格局看出來，這個好運不過維持兩年，在酉年時走到廉破的運程時，就造成大破大落的衰運期了，因此不得不

⑥紫微在「巳」宮的命盤格式

紫微(旺) 七殺(平) 巳	午	未	申
天機(平) 天梁(廟) 辰			廉貞(平) 破軍(陷) 酉
天相(陷) 卯			戌
太陽(旺) 巨門(廟) 寅	武曲(廟) 貪狼(廟) 丑	天同(旺) 太陰(廟) 子	天府(得地) 亥

(圖十二)

紫微在「巳」的命盤格式運氣圖

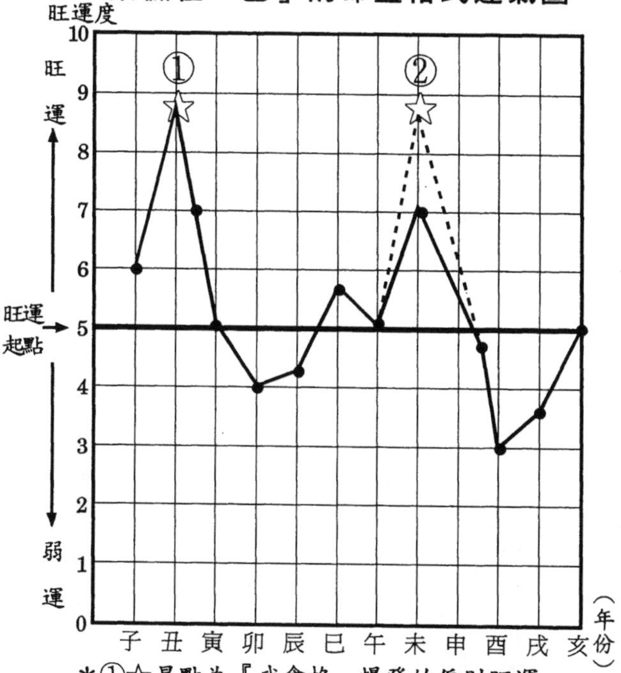

＊①☆星點為『武貪格』爆發的偏財旺運

＊②☆星點有火星、鈴星時的雙『偏財運』點

(圖十三)

作事先的防範才行。

◎倘若你是『武貪坐命』的人，又屬於這個『紫微在巳』的命盤格局的話，因爲你的本命就坐在『殺破狼』格局之上，你一生的運氣也會有雙重的『大起大落』的動感因子，你的命裡運程真的和常人不一樣了！因此，你好的時候，趕快往前衝，不必太得意！運氣差時，也不必太介懷，反正過幾年又會大翻身了！

第二個旺運高潮點

『紫微在巳』的命盤格式裡，第二個旺運高潮點在巳、亥年。有紫微、七殺和天府相照會，巳年、亥年是很努力打拚，賺錢又很多的年份，你自己很忙碌但也吉祥如意。

唯一的一點小問題是七殺居平，帶來一點小劫財，可是你是因錢賺得多，而沒有感覺到。

第三個旺運高潮點

『紫微在巳』的命盤格式裡，第三個旺運高潮點在寅、申年。有太陽、巨門居廟旺入宮或相照。這是『陽梁昌祿』格中的一員大將，因此在寅年、申年時，對於名聲遠揚和職務的進陞，都有非常大的幫助。

在走太陽、巨門運的時候，口才好，有說服力，做教職、公關、演藝事業都可發揮很大的才能。

『陽梁昌祿』格局

在『紫微在巳』的命盤格式，屬於『陽梁昌祿』格局的太陽、天梁兩顆星都在廟旺之位，因此在整個的命盤組合裡，是極貴的；事業成就的格局非常大，蔣夫人宋美齡的命盤即是此造，武貪坐命的人。

『機月同梁』格局

在『紫微在巳』的命盤格式中，屬於『機月同梁』格的天同、太陰、天梁皆在廟旺之位，天機居平。有三顆星在廟旺之位，因此也可看出這個『機月同梁』格式也是極旺的了。因此具有這個『紫微在巳』命局的人，也必從公職，在公職上有大的發展。

『殺破狼』格局

在『紫微在巳』的命盤格式中，屬於『殺破狼』格局的這組星曜中，只有貪狼這顆星是廟旺的，七殺和破軍都居平陷。也因此可看出此人有一半的人生在旺運，有一半的人生在弱運中了。人生起起伏伏的次數多，每次都像坐雲霄飛車一樣，我想這個『紫微在巳』命局的人，到老年時應可看破名利到這個命數了吧！

弱運低潮點

◎在『紫微在巳』命盤格式裡的低潮點，首推酉年，其次卯年。酉年時廉貞、破軍居平陷入宮，對宮是天相陷落相照。

這酉年、卯年在整個命局中真是極端衰運的了。不管有沒有擎羊介入這兩宮，也都是會有血光、是非、官禍極爲嚴重的問題出現，讓你無法招架，心情和事業都達到谷底的程度。千萬要穩住！在下一個年頭，戌年和辰年時就有聰敏的貴人出現來搭救你了！

◎辰時、戌年時有天機、天梁入宮或照會、天梁是貴人星、是長輩的助力，救你於水深水熱之中，但是這個助力是緩慢的，平淡的，你不可期望太多，一直要到巳、亥年才是你真正旺運的起點。

『紫微在巳』命盤格式的人之

旺運時辰：

子時《夜十一時至凌晨一時》、午時《中午十一時至下午一時》，有天同、太陰同宮，此時是個安享的時間，因為享受睡眠，享受午餐最適合你了，你惹想拉攏人際關係，用午間用餐的時刻和對方一同用餐，效果也很不錯。

丑時《凌晨一時至三時》、未時《下午一時至三時》。武貪入宮的時間。這是一個具有爆發好運的時間，你可得好好的應用。不管是用在事業和財運上，都有意想不到的好運。

寅時《早上三時至五時》、申時《下午三時至五時》。有太陽、巨門入宮。這是一個口才、辯才極佳的時間，無論你是在教學、遊說或是吵架爭論，此時的口才都是萬夫莫敵的，你可很輕易的佔有優勢。

弱運時辰

卯時《早上五時至七時》、酉時《晚上五時至七時》。有廉破同宮，天相陷落相照。這是一天中最糟的時間了。有個空間躲起來，待在屋裡別到街上去，以免破財及災禍發生在你的身上。

普通的時辰

辰時《早上七時至九時》、戌時《晚上七時至九時》。此時有天機、天梁入宮或相照。在這兩個時間內；你的頭腦清澈而聰敏，善於分析事理又喜歡聊天，而且在這個時間內有貴人可協助幫忙。

巳時《早上九時至十一時》、亥時《晚上九時至十一時》。此時有紫殺同宮、和天府相互照會。這兩個時間是很利用衝刺、打拚，又可以賺很多的錢財的時間，你要好好把握！

7 紫微在『午』宮時的基本命盤看旺運

當你的命盤組合是『紫微居午』宮的時候（如圖十四），我們可以從運氣圖上（圖十五）看到，你一生的運氣是這樣的：

第一個旺運高潮點

◎你運勢中的第一旺盛的高潮點是子、午年。子、午年有紫微和貪狼相互對照，倘若又有火星、鈴星來同宮或相互對照的話，爆發『偏財旺運』時的威力，可真不小。

下列就是有『偏財運』的人的出生時辰。

寅午戌年生的人：生在巳時、亥時，有火星同宮或對照。
　　　　　　　　生在卯時、酉時，有鈴星同宮或對照。

申子辰年生的人：生在辰時、戌時，有火星同宮或對照。
　　　　　　　　生在寅時、申時，有鈴星同宮或對照。

巳酉丑年生的人：生在卯時、酉時，有火星同宮或對照。
　　　　　　　　生在寅時、申時，有鈴星同宮或對照。

亥卯未年生的人：生在卯時、酉時，有火星同宮或對照。
　　　　　　　　生在寅時、申時，有鈴星同宮或對照。

◎當火星、鈴星進入子、午宮，和紫微或是貪狼同宮、相對照的時候，會產生爆發『偏財運』的機會。其實這也是兩組『暴發星座』合起來的，一組是『火、鈴貪』組，一組是『紫微、火星』組。因此不論是在子年或午年，皆能爆發威力極強的『偏財運』，獲得的財富也是極高的。

⑦紫微在「午」宮的命盤格式

天機(平) 巳	紫微(廟) 午	未	破軍(得地) 申
七殺(廟) 辰			酉
太陽(廟) 天梁(廟) 卯			廉貞(平) 天府(廟) 戌
武曲(得地) 天相(廟) 寅	天同(陷) 巨門(陷) 丑	貪狼(旺) 子	太陰(廟) 亥

(圖十四)

紫微在「午」的命盤格式運氣圖

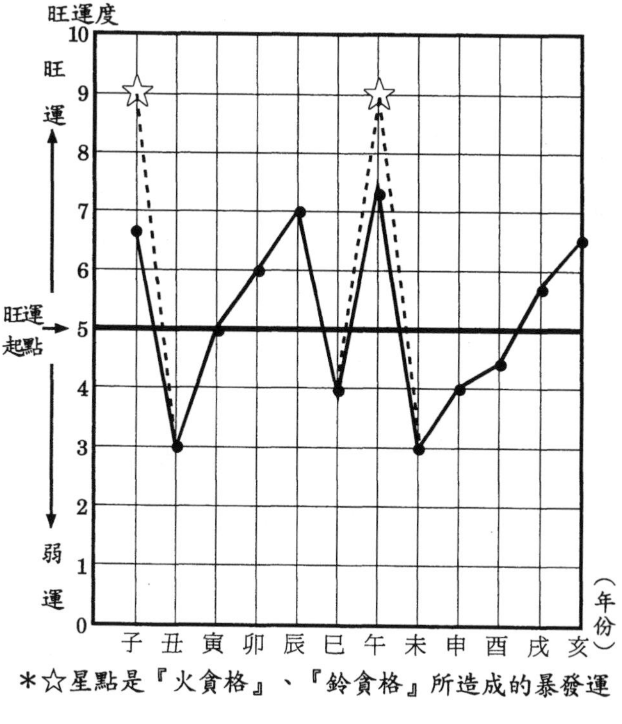

*☆星點是『火貪格』、『鈴貪格』所造成的暴發運

(圖十五)

第二個旺運高潮點

在『紫微在午』命盤格式的第二個高潮點是卯、酉年的時候。卯年坐太陽，天梁皆居廟旺的雙星。酉年是空宮，有陽梁回照，光度較弱，運勢也較弱。這是『陽梁昌祿格』中的主要雙星，因此也主宰著『紫微在午』命局的人，在卯酉年考試傳臚第一名，升官進爵，無限榮光的美事。

較普通的運程

在『紫微在午』的命盤格式裡，寅申年、辰戌年、巳亥年較普通，運氣雖略有差異，並無大壞大好之特別的趨向。

◎在『紫微在午』的命局裡，寅申年是武曲、天相同宮和破軍相互照會。寅年時，是一幅祥和、平順的氣象，但因爲對宮破軍星的影響，造成了花費較多的情況。破軍星的『衝動』感，並不能鼓動天相星的穩重，故只是花錢消災罷了。

中年時，破軍星當值，『衝動的性格』得以發揮，對宮的天相，雖居廟旺，也不得阻止它只有導正它的方向去賺錢了！

破軍當值的流年裡，破耗較多，因此花錢的事情也較多。也容易有血光、災禍的事情發生，這都屬於破耗的範圍之內的事。

◎在『紫微在午』的命局裡，辰戌年是七殺廟旺和廉府相會照的局面。在這個命局裡，天府雖然治得了廉貞之惡，導它進入『計劃生財』的路途上，但是，若有擎羊、陀羅進入辰、戌宮，這『廉殺羊』、『廉殺陀』的惡魔將會取走人的性命，這是乙、丙年生的人和辛、壬年生的人的惡夢了。

◎在『紫微在午』的命局裡，巳、亥年是天機星與太陰星相對照的年份。亥年因爲太陰星居廟旺的關係，太陰是財星，是陰財，因此亥年你是過得很舒適、豐裕的、財運也很豐裕。但是太陰是顆多情善感的星，故而這一年你的感情收獲也很豐富。

巳年是天機居平入宮，雖然對宮的太陰財星回照也很薄弱。這一年

的運氣談不上好 而時有變化，一件事比一件事糟。讓你煩悶不已，所幸下一個流年、流月逢紫微星當值，說不定還有爆發運在等著你，因此這一點小磨難，其實也不算什麼了！

弱運低潮點

在『紫微在午』的弱運點（低潮點）在丑、未年。在丑未年時、天同、巨門雙星俱陷落入宮。這真是一個太糟的年頭了！心情很懶，卻又東跑西跑的瞎忙。是非、麻煩又多、讓你疲於奔命！這個流年、流月和上一個流年、流月真是天壤之別，子午年『偏財運』爆發，運氣旺得如日中天。丑、未年卻跌到谷底，這真是名符其實的『暴起暴落』了。丑、未年既然這麼差的運氣，你只有放慢腳步，下一個『泰山崩於前而不亂』的決心，與這些不順、是非、麻煩去抗衡。最重要的一點是，小心守住你的財，不要隨便聽信別人的話，而將前一年好運所帶來的錢財敗光。你要知道運氣不好的時候，是不宜投資的，多半是血本無歸！

『陽梁昌祿』格局

在『紫微在午』的命盤格式裡，屬於『陽梁昌祿』格的這組星曜中，太陽與天梁星都是居廟旺的。因此可見你的讀書運及官運都是極佳的，你要好好把握！也因爲這兩顆星都主貴，因此你若能掌握這旺運的子年、午年、卯年、酉年，便掌握了一生中旺運的格局了！你一生的成就是非凡的！

『機月同梁』格局

在『紫微在午』的命盤格式裡，屬於『機月同梁』格的這組星曜中，我們可以從基本命盤格式上看到，屬於廟旺的有天梁、太陽。屬於平陷的有天機、天同。因此我們由這組『機月同梁』格可以斷定的是，若你去做公員或上班族的話，你會因工作的關係得到豐厚的薪水和較高的名聲，但是工作上有許多的困難處，須你忙碌辛苦的去操勞才行！

如何掌握旺運過一生

『殺破狼』格局

在『紫微在午』的命盤格式中的『殺破狼』格局，其中七殺、貪狼皆居廟旺。破軍星是得地，也算居於旺位的了！因此在『紫微在午』命局的人的人生每一個變動裡，都是會佔有極旺運的運勢。只有在申年的時候，花費、破耗較多一點罷了。因此『紫微在午』的命盤格式的人是屬於好運旺命的人是一點不錯的了！

但是也要小心大運、流年、流月，因『廉殺羊』、『廉殺陀』的三重湊殺而造成性命之憂的困擾，在這些流年、流月中要注意血光的災禍發生。小心有財沒命花的煩惱。

『紫微在午宮』的旺運時辰

子時《晚上十一時至凌晨一時》、午時《上午十一時至下午一時》。這

兩個時辰是具有爆發『偏財運』的時辰，也會爆發別的好運。人緣也特別的好，是你可以好好利用的時間。

卯時《早上五時至七時》，酉時《下午五時至七時》。有天梁、太陽入宮當值。是你非常吉祥的一個時間，與男性的關係和諧，若與你談事的對象是男性，這件事情一定會成功的。這也是有貴人的時間，若你要找人幫忙，在這個時間內去求人協助也會成功。這個時間也利於講學、揚名等事。

寅時《早上三時至五時》，有武曲、天相入宮，是個凡事太平、祥和的年份、月份。做事按步就班、態度溫和事情就可成了。

辰時《早上七時至九時》，有七殺入宮，這個一個利於打拼的時間。『將軍不出戰沒有戰功』。因此你急於到外面去打天下。早晨的忙碌，讓你確實的掌握了這一天的旺運。

亥時《晚上九時至十一時》，有太陰入宮。太陰的財是陰財，表示晚上九時至十一時，是你人緣極佳之時，尤其是女人緣更佳，正暗地裡幫你的財庫增多財富呢！

弱運的時間

在『紫微在午』的命盤格式中，屬於弱運的時間是丑時《凌晨一時至三時》、未時《下午一時至三時》。這兩個時間裡，你最好別利用。因爲天同、巨門陷落，會讓你說錯話、做錯事，而引起是非、災禍。再因爲這些是非、災禍而忙碌無比。

申時《下午三時至五時》，有破軍星居得地之位入宮，雖能衝刺打拼，但是破耗太多，與對宮的武相也會造成『因財被劫』的問題存在，基本上這個時間是害多於利的，因此也最好別用。

8 紫微在『未』宮時的基本命盤看旺運

當你的命盤組合是『紫微居未宮』的時候（如圖十六），我們可以從運氣圖上（圖十七）看到，你一生的運氣是這樣的：

第一個旺運高潮點

◎『紫微在未』命盤格式的人，第一個旺運高潮點在丑、未年這組星曜當值的流年、流月裡，以未年紫微、破軍皆居廟旺爲高點。對宮有天相、廟旺相照。破軍星衝動打拚的精神，被紫微、天相這兩顆穩重的福星、輔佐得宜，將它導向一個積極進取、無限吉祥的旺運運程。因此你在走這個運程時，可創業、開拓新的研究策略方向，爲人生寫下新的、超值的一頁！

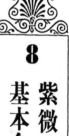

⑧紫微在「未」宮的命盤格式

巳	天機(廟) 午	紫微(廟) 破軍(旺) 未	申
太陽(旺) 辰			天府(旺) 酉
武曲(平) 七殺(旺) 卯			太陰(旺) 戌
天同(平) 天梁(廟) 寅	天相(廟) 丑	巨門(旺) 子	廉貞(陷) 貪狼(陷) 亥

(圖十六)

紫微在「未」的命盤格式運氣圖

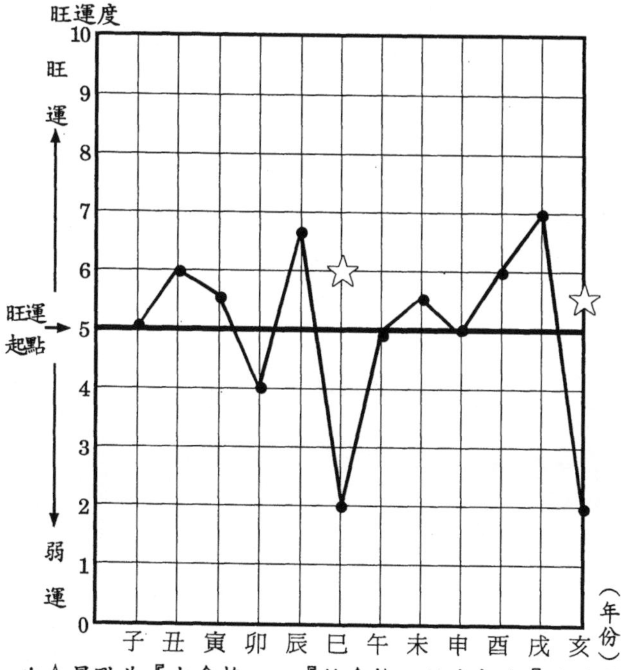

＊☆星點為『火貪格』、『鈴貪格』所造成的『偏財運』旺度

（圖十七）

第二個旺運高潮點

◎在『紫微在未』的命盤格式中，第二個旺運高潮點，在辰、戌年。辰年有太陽居旺、戌年有太陰居旺，相互照會著。日月相照帶來了自強不息，日夜不停的忙碌日子，但心情卻是愉快的。運氣在太陽寬厚的揮灑之下，一切都是那麼的順利、快樂。因爲太陽星與太陰星皆居旺的關係，你一生都和男人、女人有很好的關係。

第三個旺運高潮點

◎在『紫微在未』命盤格式的人，第三個旺運高潮點在子、午年。子年有巨門居旺，午年有天機居旺，在相互照會著。讓你的子年和午年，在有運氣變化時，多運用口才，會產生吉祥順利的變化。

巨門是暗曜，也代表是非、麻煩。倘若有化權、化祿、化科同宮，你就掌握住主控權了，在子年這個口才特別好的流年、流月裡，吵架都會贏了。你也可以在這個年份賺『口才錢』，例如教學、推銷或是競選民意代表等等，將會有很不錯的成績。

較普通的運程

◎較普通的運程，應該是卯、酉年和寅、申年。

卯年有武曲、七殺同宮入值。『因財破劫』；武曲財星居平陷，七殺星居旺，由此可看出忙碌了半天，還是賺不到什麼錢，破耗又多，捉襟見肘的窘況，可見一般了。

酉年有天府的居旺入值。講起來酉年應該是在這個普通運程裡較旺的一年了。但是因對宮武殺的『因財被劫』影響，還是破耗很多的，人也會變得慳吝了。

弱運的低潮點

◎在『紫微在未』的命盤格式中，最最弱運的低潮時刻當推巳、亥年了。這是一個廉貞、貪狼陷落的流年、流月的運程。對外的關係很壞，與家中的人相處也不好，沒有貴人，凡事都不順不吉利，心情也壞到谷底。這一段的日子像是漫漫長夜，在黑暗裡摸索一般，一直到等到子年的到來，或下一個流月的到來，才會慢慢變好。

『陽梁昌祿』格局

在『紫微在未』的命盤格式中的『陽梁昌祿』格的這組星中，太陽天梁，這兩顆星都是居旺的。雖然在角度上略有偏差，但是若是文昌、祿存、化祿等星會和太陽或天梁的任何一顆星，在四方、三合地帶同宮或照會的話，你的成就依然是很高的，在讀書和官運顯揚的旺運上，有極高成就的。若是祿星不在四方、三合的位置上，這個『陽梁昌祿』格，就是一個破碎的格局了，比較無力。但是在流年逢到這個格局上的任何一顆星，你仍是有好運的。

『機月同梁』格局

在『紫微在未』的命盤格式中，『機月同梁』格中的天機、天梁、太陰等星都是居廟旺的，只有天同居平。故而從這個格局中可以看出，你是較適合做上班穩定的公務員或上班族，過著朝九晚五的生活較穩定，在財富的獲得與進出上，也會較穩定。不然在巳、亥年就要嚐到無錢的煩腦了。

『殺破狼』格局

在『紫微在未』的命盤格局裡，『殺破狼』這組星曜中，有七殺、破軍是居旺的，貪狼是陷落的。由此可以看出你在人生有變動時，是忙碌打拚而辛勞的。廉貪陷落，縱使有火星、鈴星進入與其同宮或對照，其爆發『偏財旺運』的機率也是極低，所獲得的錢財利益也極少，真是

不夠看的！

七殺所在的宮裡，因爲和武曲財星同宮，『因財被劫』、『因財持刀』，會因錢財的問題，和人反目成仇，這也不算是旺運了。

破軍雖然和紫微同宮，帶來唯一的吉祥變化的時刻，但是破軍破敗的本性，始終是不能改的，小血光、破財在所難免。

因此整個來看，『紫微在未』命盤格式的人，他們在有『殺破狼』格局所主宰的年份上，所產生的變動，不算是旺運的變動，跟別的命盤格式來相較，就差一點了。

『紫微在未』命盤的人

旺運的時辰

在『紫微在未』的命盤格式中，你的旺運時辰應該是：

子時《夜十一時至凌晨一時》、午時《中午十一時至下午一時》，有巨門和天機相照會。這是一個利於口才表現，以口才即可擺平是非，利於說服別人的時間，好好利用，可扭轉乾坤！

丑時《凌晨一時至早上三時》、未時《下午一時至三時》，有紫微、破軍和天相互相照會，這是一個利於打拚衝刺的時間，你在此時遇到的人和事物，都會非常吉祥。辦事順利。可以作一些建設性，開拓性的工作。

辰時《上午七時至九時》、戌時《下午七時至晚間九時》，辰時有太陽居旺，你的心胸開闊，遇到男人時，特別有緣，在你寬容的心胸下，對方也被你感染了愉快的因素，因此在洽談商務，和處理事情上變得輕鬆容易了。

戌時《晚上七時至九時》利於和女人談事情，也是陰財滾滾而來的時間，你可以在這個戌時，暗暗的去翻你的存款簿，一定會發現，哇！有這麼多錢了呢！

比較普通的時辰

在『紫微在未』的命盤格式裡，比較普通的時辰是：

寅時《早上三時至五時》、申時《下午三時至五時》。這兩個時辰中主要是天同、天梁兩顆星在主宰著。天同居平、天梁居廟。在這兩個時間內，你若是忙著讀書還好，若是要忙著開發，與拓展新事務，是不會有什麼好結果的。因爲這是個心懶安享多於衝刺的時間。

卯時《早上五時至七時》、酉時《下午五時至七時》，卯時是武殺坐鎮的時間，很拼命但無財。酉時是天府坐鎮的時間，雖有財，但被對宮武殺影響，情況雖較好一點，還是算劫財，故只能算普通的時間了。在酉時辦事和與人約見，情況利與弊互見。

弱運的時辰

『紫微在未』命盤格式的人的弱運的時辰就是巳時《上午九時至十一時》、亥時《晚上九時至十一時》。這是廉貪陷落的時辰，人際關係差，財也不多。你若是選此時去辦事，與人約見，肯定是凡事都不會成功的，見面也不會有愉快場面的。

廉貪造成你運勢上的衰弱，你試試看！在這巳、亥兩個時間內，你若遇見狗、連狗都會咬你呢！

9 紫微在『申』宮時的基本命盤看旺運

第一個高潮點

在『紫微在申』命盤格式裡，第一個旺運高潮點，當然首推辰、戌年的武曲、貪狼所形成的『武貪格』的旺運了。

具有『紫微在申』命局的人，都知道自己每隔六、七年有一次爆發旺運的機會。因為是武曲和貪狼的照會，所以多半是爆發在事業上而再獲得金錢的。若是有火星、鈴星再在辰、戌宮出現的話，那這個『偏財運』的威力真是超級的旺盛，屬於『偏財旺運』中第一等級的旺運了！所爆發在事業及錢財上的利益，也是無法估計的！而且可以直接獲得金錢（例如中特等大獎等等）。

下列是會有這些超級好運的人出生的時間。

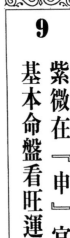

寅午戌年生的人，生在卯時、酉時，有火星同宮或對照。
生在丑時、未時，有鈴星同宮或對照。
申子辰年生的人，生在寅時、申時，有火星同宮或對照。
生在子時、午時，有鈴星同宮或對照。
巳酉丑年生的人，生在丑時、未時，有火星同宮或對照。
生在子時、午時，有鈴星同宮或對照。
亥卯未年生的人，生在丑時、未時，有火星同宮或對照。
生在子時、午時，有鈴星同宮或對照。

『紫微在申』的命盤格式中，雖然也有人有『武貪』和『火貪』或是『武貪』和『鈴星』所造成的雙重爆發運。但是若有羊陀進入這辰、戌二宮，則爲破格。也會影響了『偏財運』爆發的威力了。有一個小祕訣可以幫助它，就是小血光可以破這個戒律。你可以用捐血、穿耳洞等方法來改變它。

⑨紫微在「申」宮的命盤格式

太陽(旺) 巳	破軍(廟) 午	天機(陷) 未	紫微(旺) 天府(得地) 申
武曲(廟) 辰			太陰(旺) 酉
天同(平) 卯			貪狼(廟) 戌
七殺(廟) 寅	天梁(旺) 丑	廉貞(平) 天相(廟) 子	巨門(旺) 亥

(圖十八)

紫微在「申」的命盤格式運氣圖

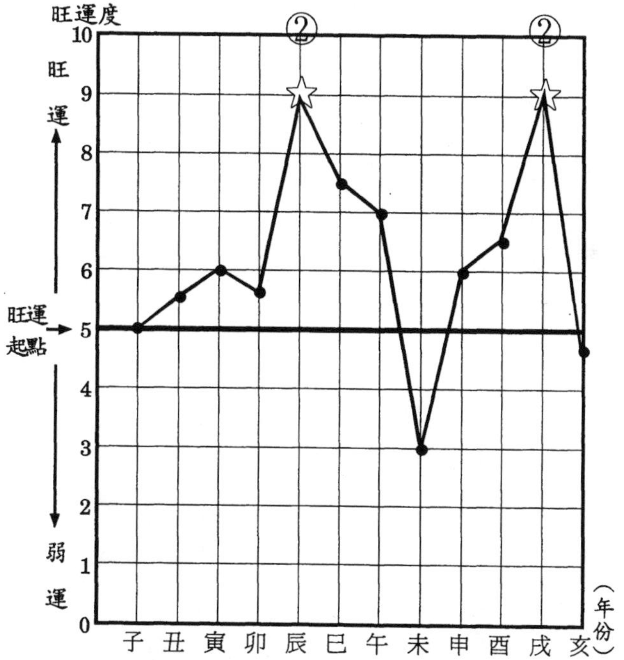

＊☆星點是『武貪格』所爆發『偏財運』的旺運點

＊②是『武貪格』加『火鈴格』所爆發的超級『偏財運』的旺運點

（圖十九）

第二個旺運高潮點

『紫微在申』的命盤格式裡，第二個旺運高潮點是寅、申年。寅年是七殺廟旺入宮。申年是紫微、天府入宮，兩宮相互對照。寅年比申年更努力，更拼命於事業上的打拼。紫微、天府會讓你的努力更順利一些，錢賺得更多一些，努力起來也更帶勁一點！

第三個旺運高潮點

『紫微在申』命盤格式中的第三個旺運高潮點在巳、亥年。巳年有太陽星居旺入值。亥年有巨門居旺入值。兩星在對宮互相照會著，陽巨所產生的旺運，可以使你在巳、亥年這兩個流年、流月中賺『口才錢』，或靠口才吃飯，都有一些成就。

巨門居旺的流年年份裡，尤其是又有祿、權、科星入值的時候，你非常具有說服力與辯才，可以好好利用。但是巨門星帶來的是非、麻煩也不少，需要你用口才去化解。

普通運程

在『紫微在申』的命盤格局裡，有子年、丑年、酉年、午年算是普通的運程。

◎子年是廉相坐入宮，流年、流月裡也會受到對宮破軍星的影響，忙碌的去開創一些新的事業和事物。在平順裡，花費還是挺多的，因此這是個投資的年份。

◎丑年有天梁星廟旺當值。因對宮天機星居陷落的位置，雖然丑年是平順的、名聲響亮的，但是因爲外界的環境不太好，財的獲得很少，故只是個很普通的旺運運程罷了。

◎午年有破軍星當值，雖是居廟旺之位，利於衝刺打拼，但是破財、耗財仍多，是需要小心節省的年份和月份。

◎酉年有太陰居旺當值。這是一個人緣極佳，可靠人緣生財的流年年份或流月月份。太陰是財星，故你可過得極豐裕。

弱運低潮點：

在『紫微在申』的命盤格式中，弱運的低潮點在未年走天機陷落的運程時，所展現出來的。其實弱運從上一個年度（馬年）裡眾多的破耗就已伏下了因果的種子。到了未年，一切問題全顯現出來了，做事不順，財進不來，人緣上也會遇到一些對你沒有幫助，只有來破耗你的錢財的人，因此你在未年一定要採取守勢，否則將會跌得很慘！還好，下一個年度就是旺運期了，一切忍耐就會過去了。

『陽梁昌祿』格局

在『紫微在申』的命盤格式裡，『陽梁昌祿』格所有的太陽、天梁兩顆主星都居旺位。若再加上文昌、祿星的方位好的話，你一生的成就會有不凡的經歷。因此你可好好的爲前途打算，由其是太陽、天梁是居三合的位置，若是文昌與祿星也在三合的位置出現，你再好好的利用這些星出現的年份。定能站在成功的高峰之上的。

『機月同梁』格局

在『紫微在申』的命盤格式裡，屬於『機月同梁』格的這組星中，其中天梁、太陰是居旺的，天機、天同是平陷的星。由此可知你要是去做公務員或上班族的話，只有百分之五十的好運。肯定是累得不得了！並不愉快的。因此自己創業或作老闆比較適合你。進的財也比較多。

『殺破狼』格局

在『紫微在申』的命盤格局中，『殺破狼』格局的這組星中，七殺、破軍、貪狼都是居廟旺的。因此在這三個人生會產出動盪變化的流年裡，你可以好好把握住這此三星的特性，把人生推向更高更旺的境界。

七殺星是利於衝鋒陷陣、埋頭苦幹，能進大財的流年時間。破軍也是利於衝刺、開疆拓土的開創精神，只要拼命就會贏的局面。貪狼利於人際關係，屬木，利於文藝面的活動，利於考試，利於文名。貪狼又坐在爆發運上，因此在貪狼入主的流年裡，想不發也不難了！

紫微在『申』命盤格式

旺運時辰為：

◎寅時《早上三時至五時》、申時《下午三時至五時》

寅時有七殺入宮，對宮是紫府相照，在這個時間裡，利於打拼、埋頭苦幹、成就非凡，做事順利，但很忙碌。

◎申時《下午三時至五時》有紫府當值，對宮七殺相照。紫府是很穩重的星，又是帝王與祿庫同坐，富貴難擋。你在這個時間與人談事情，你的氣度與胸襟，定會讓對方折服的。

◎辰時《上午七時至九時》、戌時《下午七時至九時》。辰戌時所坐的星是武曲和貪狼相對照會著。這是一個有極大『偏財運』的時間，你可要好好把握，不要讓好運溜走了。

◎巳時《早上九時至十一時》有太陽居旺入宮。因此在巳時這個時辰裡，你的運氣很旺。對宮又有巨門居旺相照的狀況下，你的氣度恢宏，很有說服力，這個時候時去面對與男人的競爭或談判是最好的了，你一定會佔有優勢的！

◎酉時《下午五時至七時》有太陰居旺入宮。太陰是陰財，又是人緣，在這個時段裡，與人約會見面談心是非常快樂的事情，在這個時間裡，做與人際關係有關的工作也是非常順利的。這個時間賺的錢，表面上是看不到有多少，暗地裡真是豐裕呢！在這個時間裡與女人特別有緣，要善加利用。

◎亥時《晚上九時至十一時》有巨門居旺入宮。巨門是暗曜，主是非，但是巨門也主口才，也因爲對宮太陽光芒的照耀，更增加了巨門口才的旺運。在這個時間裡，無論是辯論、說服，一切需用口才能力的事情，都可儘量放到這個時段來做，你會有意想不到的好處！

普通的時間

◎子時《晚上十一時至凌晨一時》、午時《上午十一時至中午一時》。

子時有廉相同宮入值。一切按步就班的工作著，運不是很強，但平靜順利的渡過。

◎丑時《凌晨一時至三時》，有天梁居旺入宮，雖然是有貴人星，有好名聲的時間，可惜太早了。

◎午時《上午十一時至中午一時》此時有破軍居廟旺入宮。這一個利於打拼、開創的時間，倘若你前有什麼想做不敢做的事情，可利用這個時間去做，例如去見嚴厲的師長，或是要拜見準岳父岳母等的事，都可利用這個時間去做、去努力，效果會不錯。

弱運的時辰：

『紫微在申』的弱運時辰，就在未時、卯時。

◎未時《下午一時至三時》，這個時辰裡有天機星陷落入值。這是一個萬事都不順的時間，而且還事事多變化、又都是不好的變化。倘若你要做重大的決定，也請千萬別選此時來做，否則後果會讓你後悔的。

◎卯時《上午五時至七時》，這個時間裡有天同居平入宮，這是一個瞎忙、窮忙的時間，正事做不了，閒事一大堆，而且重玩樂的心情太重，倘若你要用這個時間，談重要的事情，最後一定是玩票的性質，而無法成功的。

10 紫微在『酉』宮時的基本命盤看旺運

第一個高潮點：

◎在『紫微在酉』的命盤格式裡，倘若有火星、鈴星進入卯酉宮時，因為『火貪格』、『鈴貪格』的影響，當然第一個高潮點是屬於卯酉年的『偏財運』旺運。

倘若火鈴沒有進入卯酉宮時，則第一個高潮點的旺運期則屬子、午年的天梁和太陽相照的這兩個流年。

年份具有『火貪』、『鈴貪』格的人的生辰時間：

寅年戌年生的人，生在寅時、申時，有火星同宮或對照。

生在子時、午時，有鈴星同宮或對照。

如何掌握旺運過一生

申子辰年生的人，生在丑時、未時，有火星同宮或對照。
　　　　　　　　生在巳時、亥時，有鈴星同宮或對照。
巳酉丑年生的人，生在子時、午時，有火星同宮或對照。
　　　　　　　　生在巳時、亥時，有鈴星同宮或對照。
亥卯未年生的人，生在子時、午時，有火星同宮或對照。
　　　　　　　　生在巳時、亥時，有鈴星同宮或對照。

講起來『紫微在酉』的命盤格式本來是具有『火貪』、『紫火』等雙重爆發運的，但是因爲卯酉宮爲桃花敗地，桃花影響了『偏財運』的旺度，所以在酉宮的『紫貪』加『火鈴』所爆發的『偏財運』雖然也很旺，但是已失去它原來應該得到的部份旺運了。

◎倘若你的火鈴雙星沒有進入卯、酉宮時，你的第一個旺運高潮點應該是子、午年太陽和天梁相對照的這組星組。這是『陽梁昌祿格』中的兩顆星，皆居廟旺。另兩方有紫微、貪狼相照。這是一個利於各種考試、

⑩紫微在「酉」宮的命盤格式

武曲(平) 破軍(平) 巳	太陽(旺) 午	天府(廟) 未	天機(得地) 太陰(平) 申
天同(平) 辰			紫微(旺) 貪狼(平) 酉
卯			巨門(陷) 戌
寅	廉貞(平) 七殺(廟) 丑	天梁(廟) 子	天相(得地) 亥

(圖二十)

紫微在「酉」的命盤格式運氣圖

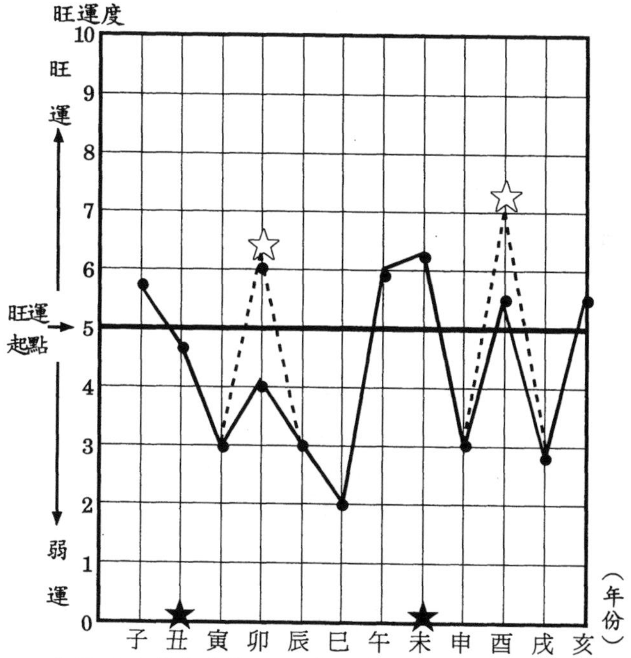

＊☆星點為『火貪格』、『鈴貪格』所造成的『爆發運』
＊★星點為『廉殺羊』、『廉殺陀』所造成的凶運

（圖二一）

升官、揚名的大好時機，在這兩個年份裡，你也會得到貴人的幫助，大展鴻圖的。

第二個旺運點高潮

在『紫微在酉』的命盤格式裡，第二個旺運高潮點是在未年。未年（羊年）有天府星廟旺入宮，這一年財富豐裕，志得意滿，是一個可以大進財的年份。可是對宮廉殺的影響，造成『因財被劫』的困擾，也會有漏財、破財的可能。不過沒有關係！天府是財庫星，對於這些小破小耗的問題，它是倉庫豐滿而無懼的。

弱運低潮點

◎『紫微在酉』的命盤格式的弱運低潮點在辰戌年。尤以戌年最差。戌年時走巨門陷落的運，對宮天同居平，福星陷落不能爲福，四方另有廉貞、七殺、天府相照，暗曜與煞星較多，也造成這一年是非、災禍頻頻的困境。

辰年是天同居平，對宮巨門陷落相照。在辰年這一年裡，東忙西忙只是爲解決是非禍端的事情，正事都做不成，如何算是好運呢？

◎丑年時，廉貞、七殺入宮，若又有羊陀同宮或在對宮相照。在大運、流年、流月三合湊殺時，會有血光造成的性命之憂。平常的流年、流月遇到也是血光災禍發生的時候。

◎巳年（蛇年）時，武曲、破軍入宮，對宮相照的天相也只是得地。武破同宮在巳，也趨平陷，『因財被劫』的困擾，沒有財而又有破耗，這一年，真是辛苦勞碌而無所得，連帶的人緣也不好，日子真是不好過！

縱觀『紫微在酉』命盤格式，除了子、午、卯、酉和未年較好之外，其他的年份，都很弱。並且在旺運的年份裡，若是你時間生的好，有爆發『偏財運』的機會，在卯酉年能多得一些財之外，其他的日子，多不主財。並且『紫微在酉』命局的人，常常是走一年旺運，再走兩年衰運，旺運沒辦法連結在一起，衰運也沒辦法救濟，真叫做『辛苦』了！

『陽梁昌祿』格局

在『紫微在酉』的命盤格式裡，『陽梁昌祿』格中的太陽、天梁兩顆星都居在廟旺之位。再有祿星來會合，這是一個主貴的命格。凡擁有『紫微在酉』命盤格式的人，應該好好把握這『陽梁昌祿』格裡的星曜所居的宮中（年份）好好努力，因爲過了這一年好運，就要再等三年，才到旺運的時候，實在太久了。

『紫微在酉』命盤格式裡的財星幾乎都居平陷，故『陽梁昌祿』格實在可幫助你改變一生的命運。

『機月同梁』格局

在『紫微在酉』的命盤格式中，『機月同梁』格裡，天機爲得地，剛及格。太陰及天同居平陷。只有天梁居廟。其做公務員的運氣只有百分之五十的好運。而且你職務的種類是屬於清高型和財務無關的。公務員和固定的上班族的工作只能給你帶來平順的財運。是沒有什麼大財可發的。因此你若做學術研究之類的工作，是很適合你的。

『殺破狼』格局

在『紫微在酉』的命盤格式裡，『殺破狼』格局中，只有七殺居廟。貪狼與破軍兩顆星都居平。由此可見，在你一生中會造成人生變化的衝擊力的旺運力道並不強，有時反而是災禍頻仍，好運不多，因此你要注意這些會發生變化的年份。例如丑年『廉殺羊』、『廉殺陀』的性命相關的問題。巳年『武破』的破財、血光的問題，都是你需要去面對的，而且要小心度過的，別人是幫不了忙的。

『紫微在酉』命盤格式的人

旺運時辰：

子時《夜十一時至凌晨一時》，這是一個有貴人的時間，也利於讀書研

如何掌握旺運過一生

究，你不妨苦讀至夜裡一時以前，說不定會給你帶來高官厚祿的前程。

午時《上午十一時至下午一時》。這個時間是太陽居旺的時辰。你有非常好的運氣，你可把重要的事情都放在此時去解決，相信會帶給你順利吉祥的成果的。

卯時《早上五時至七時》、酉時《下午五時至七時》。這兩個時辰有紫貪進入。你有非常好的人緣，凡是需要人緣的事情，例如請人幫忙，與女友約會等等儘量選這兩個時辰去見面，會有意想不到的好運！倘若再有火鈴進入卯酉宮的人，這卯時、酉時也是你爆發『偏財運』的吉祥時辰，你一定要把握！

未時《下午一時至三時》此時有天府入宮。這一個會進財的時間，你可以利用此時來做與財務有關的事情，例如去銀行辦事之類。若是存錢的事情，錢會增多。若是付錢的事情，破耗也會減少。財星居旺的時間裡處理財務問題，好處多多，不信你試試看！

弱運的時辰

丑時《凌晨一時至三時》有廉殺入宮，這是有『廉殺羊』、『廉殺陀』，容易有血光問題的時間，最好在家裡睡覺，千萬別走在路上，以免災禍降臨。

巳時《上午九時至十一時》，有武破入宮。這是一個『因財被劫』的破財時刻，在此時儘量別支付任何金錢，以免有損失，此刻更不宜談論與財務有關的問題，更會破耗。一切等過了十一點以後再說。

戌時《晚上七時至九時》，此時有巨門陷落入宮。這是一個是非口角頻至的時間，因此你在此時最好獨處，少跟別人接觸，以免是非災禍上身。

11 紫微在『戌』宮時的基本命盤看旺運

第一個旺運高潮點

『紫微在戌』命盤格式的人，其旺運高潮點是這樣的，若是有火星、鈴星進入寅、申宮，第一個旺運高點，則是因寅、申宮爆發的『火貪格』、『鈴貪格』的偏財旺運，虎年、猴年就是第一個旺運高潮點。

若沒有火鈴進入寅申宮的人，在寅、申年所能爆發的好運極弱，故第一個旺運高潮點，應該是辰戌年，破軍與紫微、天相相對照的旺運年份。

◎首先來談那些人具有爆發『偏財運』的生辰時間。

寅年戌年生的人，生在丑時、未時，有火星同宮或對照。
生在巳時、亥時，有鈴星同宮或對照。
申子辰年生的人，生在子時、午時，有火星同宮或對照。
生在辰時、戌時，有鈴星同宮或對照。
巳酉丑年生的人，生在巳時、亥時，有火星同宮或對照。
生在辰時、戌時，有鈴星同宮或對照。
亥卯未年生的人，生在巳時、亥時，有火星同宮或對照。
生在辰時、戌時，有鈴星同宮或對照。

『紫微在戌』命盤格式的人，若具有『偏財運格』的話，因其所在的宮位中，廉貞居廟，貪狼相照居平。而火星、鈴星在寅宮居廟，在申宮居陷落。故而火鈴居寅宮的『偏財運』較強。而火鈴居申宮的『偏財運』極弱，若再有桃花來劫財，可能根本不發了！又廉貞與貪狼相照，也有『暴起暴落』的問題，財可以留得住的真的不多。

⑪紫微在「戌」宮的命盤格式

天同(廟) 巳	武曲(旺) 天府(旺) 午	太陽(得地) 太陰(陷) 未	貪狼(平) 申
破軍(旺) 辰			天機(旺) 巨門(廟) 酉
卯			紫微(得地) 天相(得地) 戌
廉貞(廟) 寅	丑	七殺(旺) 子	天梁(陷) 亥

(圖二十二)

紫微在「戌」的命盤格式運氣圖

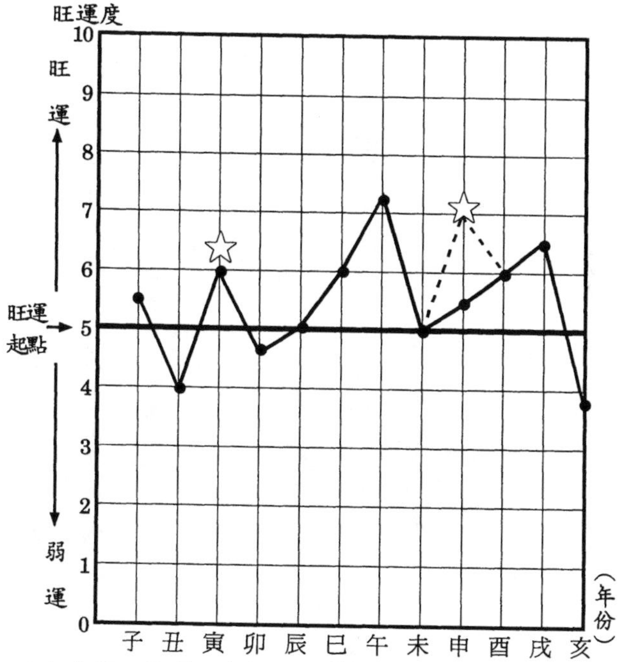

＊紅色星點是『火貪格』、『鈴貪格』所爆發『偏財運』的旺運點

(圖二十三)

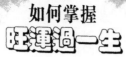

◎辰戌年的旺運高潮點，是辰宮中的破軍居旺與戌宮中的紫微天相二星都在得地之位而形成的。破軍是開創、衝動的能臣，紫相有穩定，趨吉的輔佐作用。兩相配合可把你的旺運推上更高的層次。因此你在龍年、狗年的時候，事業、學業，各方面的成績都是吉祥如意的。

第二個旺運高潮點

◎『紫微在酉』的命盤格式裡，第二個旺運高潮點是午年（馬年）。有武曲、天府進入午宮，馬年就是你大進財富的一年。這一年中，你不但在財富上獲得很多，一切吉祥如意。但是要小心對宮、七殺星對你的影響，會有些爲富不仁的行爲出現，這也是『因財被劫』之故所造成的。要是你爲富不仁的行爲太過火了，你將會失去親人和朋友的信賴。

第三個旺運高潮點

『紫微在戌』的命盤格式裡，第三個旺運高潮點是卯、酉年的『天機、巨門居旺』的運程。天機居旺時，運程裡有些小的變化是趨吉的。巨門星居旺時，是非口角不是沒有，而是較少一點，較不嚴重，巨門是口才星。巨門居旺，也可利用口才之利來賺口才錢。『機巨居旺』的運也是極適合作學術研究的，可獲得好的成就。

弱運的低潮點

『紫微在酉』的命盤格式的人的弱運低潮點在亥年（豬年）、丑、未年。

◎亥年有天梁陷落入宮，這一年很忙碌，但做任何事都無所獲，而且沒有貴人，沒有人緣，你也吝嗇去幫助別人。因此更造成自己的困苦。進財也不順利。

在這亥年裡，你一定要敞開心胸，想到『幫人就是幫自己』，才會給自己造一條好路走。

◎丑、未年，有太陽、太陰同宮或相照著。太陽居『得地』之位，太陰居陷無光。在這兩個年份裡，與女人交手都是不利的，而且賺錢進財不易，馬不停蹄的忙碌又非常辛苦。真有大嘆『為誰辛苦為誰忙』的苦經了！

『陽梁昌祿』格局

『紫微在戌』命局的人，你的『陽梁昌祿』格的這組星曜中，太陽是得地，不算旺，天梁又是陷落。倘若時間生得好，時系星文昌星居旺的話，再加上祿星，你不過是一個懂得精打細算的商人命格。倘若文昌星又居陷，財的部份也會再打折扣的。並且你要從官途，也是運程坎坷了。

『機月同梁』格局

在『紫微在戌』的命盤格式裡，屬於『機月同梁』格的這組星中有天機、天同居旺。而太陰、天梁居陷。看起來你做公務人員的機會不大，因此必須做自己的事業較佳，在進財時較穩當。

『殺破狼』格局

『紫微在戌』的命盤格式裡，屬於『殺破狼』這組星曜中，有七殺、破軍皆居旺位，貪狼是居平的，因此你可掌握衝刺與打拼的努力來改變一生的命運。尤其是在七殺與破軍所在宮位的年份裡如子年、辰年，拼命努力爲最有效。

貪狼居平的猴年裡，倘若有『爆發運』對你也是挺不錯的。雖然獲財很少，但總是提升了旺運。

『紫微在戌』命盤格式的人

旺運時辰：

子時《夜十一時至凌晨一時》，利於努力打拼，到外面去賺很多錢。

午時《上午十一時至下午一時》，這是武曲、天府入宮的時辰。可讓你富甲一方，利於經商、賺取錢財，一切有關財務的事，選此時去做最好了，人也會很精明，精於計算。

酉時《下午五時至七時》有天機、巨門居旺入宮，可掌握變化，利用口才化解一切的是非口角。

戌時《晚上九時至十一時》，有紫微、天相入宮，這是一個處事平和、萬事如意的時辰，倘若有棘手的問題，困難的問題，用這個時間去解決，會得到圓滿的效果。在這個吉祥旺運的時間裡思考。也是有意想不到的好的主意的。

辰時《早上七時至九時》有破軍入宮，這是一個利於競爭、打拼的時間，你不要將它都浪費在上班的路上了。應該早早的決定了方向去努力。

這個時間又很利於開創新的關係及新的事物的決定。又有對宮紫相的幫助，你一定會馬到成功的。只可惜破軍有破耗的本性，你要小心行動中給自己帶來的破財之事。

弱運的時辰

『紫微在戌』的命盤格式中，弱運的時辰爲：

亥時《晚上九時至十一時》。有天梁陷落入宮，這個時間你應少在外面，以免發生問題時，沒有貴人幫忙。因爲天梁陷落、是非是極多的。

未時《下午一時至三時》。有太陽、太陰入宮。在這個時間內，最好別與女人發生衝突，否則你是佔不到便宜的。在這個未時，財星陷落，不但不進財，也沒有人緣，不宜用來和人約會談事，尤其是作生意進財的事，否則只會帶來白忙一場，敗財、耗財不斷罷了。

申時《下午三時至五時》有貪狼居平進入。此時不宜用來與人際關係有關的事務來利用，否則就會自討沒趣。

12 紫微在『亥』宮時的基本命盤看旺運

第一個旺運高潮點

『紫微在亥』命盤格式的第一個旺運高潮點在丑、未年。丑、未年有武曲、貪狼形成的『武貪格』這是一個具有極度爆發旺運的年份。未年比丑年更強，主要是因爲未年是武貪入宮當值。而丑年只是武貪二星回照的關係。

倘若再有火星、鈴星進入丑、未二宮，則在丑、未年就有雙重的『偏財旺運』會爆發，其威力之強，應屬於第一等級的爆發運，若是以金錢來衡量，會有上億的財產之多。

下面是會有雙重『偏財旺運』爆發機會的人之出生的時間。

寅年戌年生的人，生在子時、午時，有火星同宮或對照。
　　　　　　　　生在辰時、戌時，有鈴星同宮或對照。

申子辰年生的人，生在巳時、亥時，有火星同宮或對照。
　　　　　　　　生在卯時、酉時，有鈴星同宮或對照。

巳酉丑年生的人，生在辰時、戌時，有火星同宮或對照。
　　　　　　　　生在卯時、酉時，有鈴星同宮或對照。

亥卯未年生的人，生在辰時、戌時，有火星同宮或對照。
　　　　　　　　生在卯時、酉時，有鈴星同宮或對照。

形成雙重『偏財運』機會，主要是『武貪格』又加上『火貪格』或『鈴貪格』所形成的。因此其勢難擋。『武貪格』的旺運本來多發在事業上，『火貪格』的『偏運』多發在金錢上。如今這兩種格局合起來，所以直接獲得龐大的財富，也是讓人驚羨的！

⑫紫微在「亥」宮的命盤格式

天府(得地) 巳	天同(陷) 太陰(平) 午	武曲(廟) 貪狼(廟) 未	太陽(得地) 巨門(廟) 申
辰			天相(陷) 酉
廉貞(平) 破軍(陷) 卯			天機(平) 天梁(廟) 戌
寅	丑	子	紫微(旺) 七殺(平) 亥

(圖二十四)

紫微在「亥」的命盤格式運氣圖

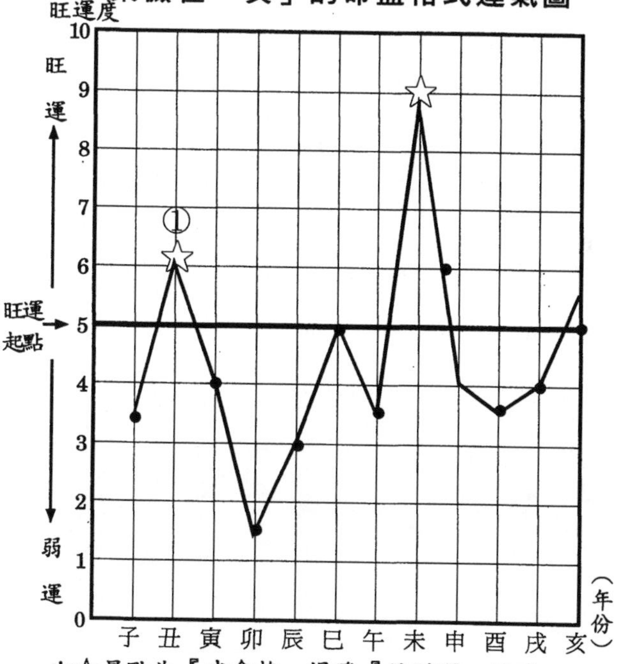

＊☆星點為『武貪格』爆發『偏財運』的點

＊①☆星點為有火星、鈴星的『雙偏財運』格的點

(圖二十五)

第二個旺運高潮點

『紫微在亥』的命盤格式的第二個旺運高潮點在巳、亥年。

巳年有天府星、亥年有紫微、七殺兩相對照。在巳年與亥年這兩個流年裡，你都是能拼命努力，極力打拼，又賺了許多的錢財，生活非常富裕的。在巳年與亥年這兩個年份裡，財帛宮又剛好走到『武貪格』，又剛好得到一筆意外之財，因此感覺上你好像常常在走好運似的，真是太美妙了！

第三個旺運高潮點

『紫微在亥』命盤格式的人第三個旺運高潮點在寅、申年有太陽、巨門入宮。寅年是照會。申年是當值。申年的運勢較強。陽巨利於口才的運用，有說服力，且能利用口才揚名，在這個流年、流月中你若是參加競選民意代表、爲民喉舌、也會有好的表現，當選有望的。

比較普通的運勢

『紫微在亥』命局中，較為普通運勢的年份為辰、戌年。辰年比戌年差。因是天機、天梁回照的關係。戌年有天機、天梁入宮，天梁廟旺、天機居平陷。機梁同宮常造成一種運氣下滑然後再上昇的現象。天梁是貴人星，它一定得見你先落難後，才搭救你。所以機梁同宮時，都是先壞再好的狀況。機梁主才智，不主財。故在機梁同宮的戌年裡，你是很聰敏、計謀又多，但是財運卻不好，也賺不到多少錢的。

弱運低潮點

『紫微在亥』的命盤格式中，弱運低潮點在卯、酉年。卯年時廉貞、破軍居平陷，對宮的天相又落陷。這是一個又忙又累、又賺不到錢的年份。倘若在『殺、破、狼』三合的位置裡又出現了羊陀，然後又在大運、流年、流月三重湊殺之下，會有性命堪憂的災禍發生，這真是不好過了！

酉年時，有天相陷落入宮當值，天相是福星陷落，無法造福。對宮廉破的影響，因進財困難，人較保守吝嗇，若有祿星（祿存或化祿）同宮，較好一點，較會理財，可做經貿方面的工作。

子、午年走天同、太陰居平陷的運程時，又忙碌又無大財可進。這一年只是慵懶渡過，沒有豪情壯志，也沒有衝刺打拼的奮鬥意志、修心養性是最好了！等到下一個流年，未年時的『爆發旺運』就會把你的意志力帶到高點了。

『陽梁昌祿』格局

在『紫微在亥』命盤格式裡，屬於『陽梁昌祿』格的太陽、天梁兩顆星都屬旺位。除非在寅、午、戌三宮位有文昌、祿存或是再有化祿星在申、戌二宮出現，會有完整的『陽梁昌祿』格。利於追求高學歷和升官。也有暴發運來給他們撐腰，讓他們的人生運程裡是多彩多姿的。

『機月同梁』格局

在『紫微在亥』命盤格式裡，『機月同梁』格的這組星中有天機、太陰、天同這三顆星都居平陷。只有天梁居旺。因此『紫微在亥』命局的人，若是從公職和上班族是非常辛苦的。你倘若有特別的人事關係，做空降部隊，到某機關上班，這種狀況還不錯，你若是按照正常管道，一步一步的往上爬，你上升的機會就不大了。

『殺破狼』格局

『紫微在亥』命盤格式裡，屬於『殺破狼格局』的這組星中，只有貪狼這顆星是廟旺的，七殺和破軍都居平陷。七殺還好有紫微星來輔正，只造成辛勞而已。否則一生中有三分之二的時間都要處在弱運破耗裡了。

『紫微在亥』命盤格式

旺運時辰

未時《下午一時至三時》。有武曲、貪狼入宮或相照，這個時間是『偏財運』爆發的時間，你要好好把握，留心這兩個時間裡的將要發生的事情。

巳時《早上九時至十一時》，有天府當值。這是一個可以進財的好時間，你會很忙碌的去算帳，處理財務的問題很好。

申時《下午三時至五時》，有太陽、巨門當值。陽巨會帶來口才的能力，你若要說服某人或是開演講會，或是發表競選演說，利用這個時間，會讓你大獲全勝。

亥時《晚上九時至十一時》，有紫微、七殺入宮，此時利於做競爭的計劃，努力打拼，會賺很多的錢，一切吉祥順利。

弱運時辰

卯時《早上五時至七時》，有廉破入宮。這個時間你一定要小心謹慎，若是你在這個時間都是在忙著上班的路上，小心車禍所帶來的官非麻煩和血光破耗及破財。

酉時《下午五時至七時》，有天相陷落入宮。這個時間你很忙碌，但是破耗、是非又多，無法心平氣和的過日子。只要你把心情放鬆，腳步放慢、多小心，這個酉時會過得較好一點的。

子時《夜十一時至凌晨一時》和午時《上午十一時至下午一時》，有同陰居平陷入宮或回照。這個時間裡，你看起來忙碌，其實是瞎忙，進財不順。你看起來變得溫和，其實人際關係又不很好。由其與女人的關係很差，也會有是非的問題出現，慢慢來！熬到下一個時辰就好了。

紫微vs.土象星座（第一集）
（處女・金牛・摩羯）

紫微vs.火象星座（第二集）
（獅子・牡羊・射手）

紫微vs.風象星座（第三集）
（雙子・寶瓶・天平）

紫微vs.水象星座（第四集）
（雙魚・天蠍・巨蟹）

這是四本讓你等了很久的星座書
西洋星座終於和紫微斗數相遇了
法雲居士在這本書中讓你嚐到學貫中西的準確度，
帶給你每一星座與紫微命理更有趣的相合點，
星座探秘單元更揭露個性與運勢的精彩演出，
不僅帶給你無限驚奇與趣味，
也提供給你指引和啟發，
讓你更能把握人生！

第三章

贏的關鍵——如何掌握旺運的時間及成功法則

1 掌握『金錢運』的成功時間法則

金錢是蓄養我們生命的活水。『無錢令人苦，財多使人愁。若是細思量，還是錢多好！』

一般人通常都是被錢追著跑。怎麼說呢？有時是錢不夠花，錢還沒賺進來，該付的帳單已如雪片般飛來。有時則是希望獲得或累積更多的財富，老的時候好享享清福。

其實被錢追著跑的人，是永遠享不到清福的。因爲長久的金錢壓力，已經成爲你習慣中的一部份，繼而成爲你個性中的一部份，『努力追求金錢的本性』已不能放棄你，你也不能放棄他了！若是一但失去這種相互依存的關係，也許你的人生就會凋謝了！

既然如此，我們還是一同來看看，如何才能在追求金錢財富的過程中，掌握到一些特定的旺運時間，使你可快速確實的進財。這樣也好減少一些事倍功半，或是即使拼出吃奶的力氣，也得不到『錢果』的悲慘時間！

金錢運的看法

首先我們要看你的財帛宮是何主星？由此可知是何種進財的方法。順不順利？及手邊流通的錢財是多是少？

其次，再看福德宮的主星。這是你財的源頭及你本身享用的是否豐足？源頭好，享用豐足。就算是手邊錢少，仍有貴人會提供你享受。源頭不好，手邊財多，財來財去，沒有存留。也永遠是跟著錢跑，無法休息停止，算是勞碌的了。

由財帛宮和福德宮，我們大概的對自己的進財方式，及享用的多與少，有了概括的認識之後，再來要看流年命宮，與流年財帛宮、流月財帛宮的主星入座的狀況了。(流年命宮、流年財帛宮、流月財帛宮的看法

在書後有詳述，可供讀者參考。）如此就可掌握每一年、每一個月進財的實際狀況了。

當財星如天府、武曲、太陰、七殺等星居旺入座在流年、流月的命宮及財帛宮的時候，是爲旺財的時間。要多把握賺錢的機會，在這段時間內，賺錢的機會多，賺錢進財較容易。

其他像是紫微、太陽、天梁、天同、天相等吉星居旺的時候，你的財運順利，手邊寬裕，絲毫不會有半點的金錢困擾。

只有在財星陷落，或『因財被劫』、吉星居陷不能爲福的時候，財務的危機才會顯現出來。

下面就是星宿在『金錢運』上所代表的意義，你若能掌握吉星在旺位時所帶來的好運，『能攻』！在陷位弱運時『能守』！你就是掌握了『金錢運』的成功法則了！

紫微星

當紫微星出現在任何一宮，都表示萬事吉利的，因爲紫微星沒有陷落的時候，故到處爲福爲貴。

◎紫微星出現在命盤(正盤)中的財帛宮時，表示你一生的財運都很好，根本沒有金錢上的煩惱。

◎紫微星出現在流年財帛宮、流月財帛宮時，表示你該年或該月的金錢運很好。在該年和該月不會有錢財煩惱，進財順利，沒有破耗。處理財務很得體，會有讓人敬重的一面。

紫府同宮

◎當紫微、天府二星一同入坐命盤中的財帛宮時，表示財運通順，財多富足，但個性保守，有些守財奴的趨勢。比較不喜歡投資任何產業，只會放在銀行裡生利息。

◎當紫府雙星出現在流年財帛宮與流月財帛宮時，當年及當月，你是很富裕的。而且有一筆不小的錢財儲存起來，正逍遙自在的生活著，享受富足的快樂。

紫貪同宮

◎紫微、貪狼同坐命盤中的財帛宮時，表示你的家財很多，不必爲錢財煩惱，只要守著家財，生活無虞。中年以後會愈積愈多。若是有火星同宮，或在福德宮對照的話，還有意外『偏財運』的爆發旺運。錢財會像洪水一般的湧入，讓你開心得夜裡睡不著。但是若不好好規劃，錢潮也會很快退去，這是『暴起暴落』的命理使然。

◎當紫貪出現在流年財帛宮、流月財帛宮時，表示你的『金錢運』非常好，若再有火鈴同宮或相照，在該年、該月就是爆發『偏財運』的時刻，此時就是到達旺運的最高點了。

紫相同宮

◎當紫微、天相同坐命盤中的財帛宮時，表示你的財產積蓄很多，財產不斷的漸漸增長中，而且有一部份或全部的錢財是由名聲大噪而得到的。

◎紫相出現在流年財帛宮、流月財帛宮的時候，是年是月的財運亨通，名利雙收，且有積蓄較多的錢財，生活上出現平順安逸的局面。

紫殺同宮

◎紫微、七殺入座命盤中的財帛宮時，表示你的財產是在努力辛苦中獲得很多。也會有意外橫發的機會，這機會是一種機緣，在因緣際會中，讓你獲得打拼的機會而爆發了。

◎當紫殺二星出現在流年財帛宮、流月財帛宮時，就表示你將獲得打拼的機會了，爆發的機會也來了，該年、該月你不但財運亨通，你也積極努力。但是要看清楚方向喲！不要瞎忙了半天，收獲不多。倘若你努力對了方向，將會獲得很大的財富，就算是接下來的年份、月份是弱運的時間，因爲有先前的積蓄，你也不會過得太差。

紫破同宮

◎紫微、破軍同坐命盤中的財帛宮的時候，表示手邊流動的財不少，但是花錢的習慣卻太海派了。由其是在年青的時候是非常浪費的，到了中、晚年有了體認，又瞭解了賺錢的方法，這時才真正是財源滾滾而來了。

◎紫破出現在流年財帛宮或流月財帛宮時，代表著你的手邊正寬裕，而且常有衝動的個性去賺錢或去花錢。因此在這段時間內，你是賺得痛快也花得痛快！倘若你下一個流年、流月是弱運運程的時候，此刻的痛快，正是那時的悔恨。若你的下一個流年、流月的運程也是旺運的時候，你仍是不知痛癢的過去了。

紫微與左右、昌曲同宮

◎當紫微與左輔、右弼、文昌、文曲同坐命盤中之財帛宮的時候，表示你的『金錢運』一切很好。有許多貴人幫助你賺錢，你也精明幹練的來管理財務。

◎當左輔、右弼、文昌、文曲與紫微星一同出現在流年財帛宮、流月財帛宮的時候，表示該年、該月你的『金錢運』非常好，進財順利，有貴人助你賺錢，你也把財務管理的很好。

紫微與羊陀同宮

◎紫微、擎羊或是紫微、陀羅，或是紫微加羊陀同在命盤中的財帛宮時，『金錢運』是時好時壞的，沒有辦法保持穩定的局面。常常為了保持面子問題花費很多，有時甚至要維持場面上的需求，而借貸很多，實在是入不敷出的。

◎當紫微與羊陀出現在流年財帛宮與流月財帛宮時，情形也是一樣。

表面上看似華麗、進財，實則浪費很多。所花費的錢財也多半是虛張聲勢的面子問題。因此你若想真正擁有足夠的金錢實力，不僅需要在這個流年、流月中節制，而且要在下一個財星居旺入座的流年、流月中把握進財的機會。

紫微與火鈴同宮

◎紫微、火星或是紫微、鈴星同在命盤中的財帛宮出現時，表示你的財富會有快速的暴起暴落的現象。你會具有爆發『偏財運』的機會，但也會因為不能完全掌握管理金錢，而讓財富迅速的流失，這是非常可惜的！

◎當紫微與火鈴出現在流年財帛宮、流月財帛宮之時，表示該年、該月會有『偏財運』爆發的機會。你該小心的注意守候它。一旦爆發財運之後，要把錢財迅速轉往可信賴的家人或友人名下，以防『暴起暴落』的發生。

紫微與劫空同宮

◎紫微、地劫、天空同在命盤中的財帛宮時，你的財運表面上看起來很好，實際上是左手進右手出，永遠沒有存留的錢財，也沒有積蓄。這樣是很危險的，若下一個流年或流月是弱運的運程，你就馬上會捉襟見肘，無法應付了。

◎當紫微與劫空出現在流年財帛宮或流月財帛宮的時候，表示該年、該月錢財是會進來，但隨即迅速流失，花費掉了，沒有剩餘可存的錢財。

※有人問我：『偏財運』爆發時的金錢，若買房地產，是否可防止『暴起暴落』的發生？

我的答覆是：首先要看你自己的田宅宮好不好？否則，結果還是一樣的，當『暴起暴落』發生時，房地產一樣的被賣掉，一棟也不剩。這時你必須找到一個能信賴的家人或朋友，而他的田宅宮又好的話，將房地產寄在他名下，可得以保全。

天府星

天府星也是沒有陷落的時候，因此也到處爲福。

◎天府星出現在命盤中的財帛宮時，表示你一生富有，不但沒有金錢煩惱，而且日進斗金。但是天府星有一些愛斤斤計較的習性，也因爲如此，凡是天府星入座在財帛宮的人，他們是從不吃虧、又很會賺錢的。

◎天府星出現在流年財帛宮與流月財帛宮的時候，代表著你當年或當月非常富裕，管理財務也會滴水不漏的非常有條理。

紫府同宮：《請參看紫微星中的紫府同宮部份。》

武府同宮

◎天府、武曲雙星同坐在命盤中的財帛宮時，因爲兩星都是財星，武曲是正財星，天府是財庫星，因此一生富足，這是最富有的『金錢運』了！

◎當天府、武曲出現在流年財帛宮、流月財帛宮時，該年、該月財星入庫，不但錢財大筆大筆的滾滾而來，且積蓄龐大。

廉府同宮

◎當天府、廉貞雙星一同坐在命盤中的財帛宮的時候，你有不錯的『金錢運』。財富是有計劃的從事某種職業或商業，運用頭腦的智慧而賺取的。廉府坐財帛宮的特別處，是財富必定要經過智慧上的謀定，勞心勞力而獲得。

◎廉府雙星出現在流年財帛宮、流月財帛宮時，代表你勞心勞力的結果，賺取了大量的金錢。而且積蓄留存了很多的財富。廉貞若是居平陷的話，勞心勞力的程度更深。

如何掌握 旺運過一生

天府與左右同宮

◎天府與左輔、右弼一同坐在命盤中的財帛宮時，表示你一生富裕，且有貴人幫忙賺錢，日進斗金都存在財庫中了。

◎當天府與左輔、右弼出現在流年財帛宮或流月財帛宮的時候，代表該年、該月財多用不完，且有貴人幫你賺錢。此時，你是個保守且斤斤計較、毫不浪費的人。

天府與昌曲、魁鉞同宮

◎當天府與文昌、文曲或天魁、天鉞同坐在命盤中的財帛宮時，代表了你一生富裕，年老時更是億萬富翁。可是精明太過，非常會算計錢財，接近守財奴的趨勢，沒有人情味。

◎當天府與昌曲、魁鉞出現在流年財帛宮，或是流月財帛宮時，財富積蓄多，在精明的算計之下，進財更多。

天府與羊陀同宮

◎天府與擎羊、陀羅同坐命盤中的財帛宮時，你一生的『金錢運』起伏伏，『因財被劫』，破耗很多。有時非常富有，有時又花費很多，不能穩定，要看流年、流月的財運才能定奪。

◎當天府與羊陀出現在流年財帛宮與流月財帛宮時，錢財起初不少，但日漸流失，花錢的事情很多，財富不能長存。

天府與火鈴同宮

◎當天府與火星、鈴星同坐命盤中的財帛宮時，只會減低財庫星的力量，形成一種耗財、敗財的狀況，這也是『因財被劫』的方式，讓你的財務很不穩定，『金錢運』可說是不太好了。

◎當天府與火鈴一同出現在流年財帛宮、流月財帛宮時，該年、該月的財富不穩定，錢財左手進右手出，沒法子留得下來。

天機星

◎當天機星居旺入坐在命盤中的財帛宮時，你會白手起家，在不斷的起起落落中，愈來愈好的往上爬，雖然勞心勞力變化多端，但你的『金錢運』仍不算是好的，只能說是平順而已。

當天機星落陷入坐在命盤中的財帛宮的時候，進財困難，沒有得到金錢佳運的機會，生活也較困苦。

◎當天機星居旺出現在流年財帛宮、流月財帛宮的時候，代表著該年、該月你會得到一個好機會，會讓你賺到錢。

當天機星落陷出現在流年財帛宮或流月財帛宮時，表示你將在該年、該月財運不佳，沒有錢財可進帳或是財運困難。要小心支票跳票，及生活拮据等問題。

機陰同宮

◎當天機、太陰雙星同坐在命盤中的財帛宮時，在寅宮較好。在申宮，太陰是財星，居平陷。兩者都是主白手起家，而申宮的機陰同坐，會產生更辛苦勞碌的狀況，所得的錢財也會少一些。

◎機陰雙星出現在流年財帛宮與流月財帛宮的時候，在寅宮代表該年、該月你是小康的局面。在申宮，『金錢運』並不很強，你必須小心計算著錢財過日子，如此才能平順。

機巨同宮

◎當天機、巨門雙星同坐命盤中的財帛宮時，因為都是處在廟旺之地，『金錢運』常因運勢的變化而得財，而且在熱鬧的地點，靠口才可賺大錢。

◎當天機、巨門出現在流年財帛宮或流月財帛宮的時候，表示在該年、該月你是喜歡變化多端的生活的，因此能帶給你吉祥的『金錢運』，伶俐的口才更助旺你的『金錢運』。

機梁同宮

◎當天機、天梁雙星同坐在命盤中的財帛宮時，代表著你可能經過長期的困苦努力之後，在發明了某種物品，或創造了某些觀念而發了大財，賺進無數的財富。

◎當機梁雙星出現在流年財帛宮、流月財帛宮時，代表了該年、該月你在『金錢運』上還須努力，錢還不甚富裕。所發明創造的東西和思想，可能還未完成，必須要更加努力才行！

天機與左輔、右弼同宮

◎當天機、左輔、右弼一同坐在命盤中的財帛宮的時候，天機星若是居旺，左輔、右弼等貴人星對你有利。貴人會出現，使你在人生的變化中得到吉順的幫助。若天機陷落，左輔、右弼這些貴人星的作用就完全得不到發揮。

◎當天機與左輔、右弼出現在流年財帛宮、流月財帛宮時，也是一樣的。在該年、該月天機居旺時，左輔、右弼會出現貴人來幫助你。若天機落陷，你在落陷的那一年或那一月，『金錢運』會一落千丈，你只有躲在家中挨著沒錢的苦日子，等待這段時日過去。因爲天機落陷的日子裡，工作也是不好找的。凡事都辛苦而無所獲！

天機與昌曲同宮

◎當天機與文昌、文曲同坐命盤的財帛宮時，當這些星都在旺位時，你是精明能幹，白手起家的人物，『金錢運』也還順遂。當天機居陷，或昌曲居陷時，進財就不是那麼順利了，同時也影響了你對金錢的精明度。

◎當天機、昌曲出現在流年財帛宮、流月財帛宮的時候，該年、該月當天機、昌曲居旺時，進財順利。當天機星或昌曲二星任何一方居陷時，辛苦勞碌，所得之財甚少。

天機與羊陀同宮

◎當天機星與擎羊、陀羅同坐命盤裡的財帛宮時，勞心費力，賺錢不易。事業與財運起起伏伏，就算是各星居旺也好不到那裡去！若各星俱陷落，那可是會很慘的，根本進財困難，自己也無法享受到好運。

◎當天機星與羊陀出現在流年財帛宮、流月財帛宮時，表示該年、該月『金錢運』不穩定，壞的時候多。而且在擎羊入坐的流年、流月的日子裡，有血光、車禍等禍事。在陀羅入坐的日子裡有耗財、不順等現象。

太陽星

◎當太陽星出現在命盤中的財帛宮時，若是居旺位，一生都有非常好的『金錢運』。若是居陷位，則一生勞碌，賺錢辛苦，『金錢運』不佳。

◎當太陽星出現在流年財帛宮或流月財帛宮的時候，居旺位的，在該年、該月有大財可進，『金錢運』特佳，積蓄也很多。若居落陷，則『

金錢運』不佳，有錢也暫時進不來，奔波勞碌，運氣晦暗，心情沉悶。

日月同宮

◎當太陽與太陰同坐命盤中的財帛宮的時候，一定是在丑未二宮，雙星中定有一星陷落。若是有左輔、右弼也同宮的話可以發財。若是只有日月同宮，則是一般的財運了。在這之中又因太陽星本身主功名，不主財。因此日月在丑宮時，太陰廟旺，進財較未宮的財多。

◎當日月雙星出現在流年財帛宮、流月財帛宮時，該年、該月若是運行在丑宮的財運要比未宮的財運好。未宮得名聲，丑宮得錢財。

陽巨同宮

◎當太陽、巨門同坐命盤中的財帛宮時，因雙星只會在寅、申宮同宮，在寅宮二星都居廟旺的位置，二星的性質是靠口才成名後才能得到財祿，故為晚發的形勢。早年是辛苦勞碌獲財不多，中年以後可大進財，在申宮財運不強。

◎當陽巨雙星出現在流年財帛宮、流月財帛宮時，在寅宮表示在該年、該月你可用口才賺到不少的財富，『金錢運』不錯，是名利雙收的局面。（但此格仍沒有財星在位強）在申宮財運不強有是非口舌。

陽梁同宮

◎當太陽、天梁雙星同坐命盤中的財帛宮時，因為這二星是『陽梁昌祿格』的基礎。二星又都不主財，因此雙星居卯宮是勞心費力的創造良好的官運或名聲後，才能得到較大的財運。中年以後，名望地位讓你的財運滾滾而來，在酉宮，財運不佳。

◎當陽梁雙星出現在流年財帛宮、流月財帛宮時，在卯宮，該年、該月你升官、升學的機會很大，『金錢運』倒是普通。若你是公務員的話，有陽梁同宮當值，『金錢運』很穩定。若你是經商，二星只能幫你做事順利，『金錢運』卻不是很強的。在酉宮，該年、該月財運不甚好。

太陽與左右同宮

◎當太陽與左輔、右弼同坐在命盤中的財帛宮裡時，太陽星若是居旺，進財順利旺盛，『金錢運』極佳。太陽星若是陷落，雖有左輔、右弼的幫忙，財運仍是不佳。

◎當太陽與左輔、右弼一起出現在流年財帛宮、流月財帛宮時，也一樣！太陽居旺時進財順利，有貴人相助。太陽若居落陷，『金錢運』不甚佳，進財仍困難，做薪水階級會順利。

太陽與羊陀同宮

◎當太陽、擎羊、陀羅同坐在命盤中的財帛宮時，表示你經常財進財出，沒有節制，破耗太多，『金錢運』也不好，因此入不敷出。

◎當太陽與羊陀一同出現在流年財帛宮、流月財帛宮時，表示你該年、該月若太陽居旺時，稍有財運，但入不敷出，手邊的錢不多，也沒有積蓄。若太陽陷落時更慘，沒有財運，進財困難，且有血光災禍，讓你焦頭爛額。

太陽與火鈴同宮

◎當太陽與火星、鈴星同坐在命盤中的財帛宮時，表示你手邊的錢財進出很快，手邊始終沒錢，浪費的習慣更是致命傷！

◎當太陽與火鈴一起出現在流年財帛宮、流月財帛宮時，表示該年、該月錢財進得不多，本身又很浪費，手邊常拮据。

太陽與劫空同宮

◎當太陽與天空、地劫同坐在命盤中的財帛宮時，表示你一生財來財去，最終也是空空如也。進財的管道雖多，但是左手進右手出，而且浪費太多。

◎當太陽與空劫同坐在流年財帛宮、流月財帛宮時，表示你該年、該月財來財去，『金錢運』不好，總是沒錢。

太陰星

◎當太陰星出現在命盤中的財帛宮時，太陰星是財星，若居廟旺之地，『金錢運』佳，財多豐足。太陰屬於陰財，是一種慢慢增多的現象，利於儲藏，是一種儲蓄的財富。

太陰居陷地時，『金錢運』不佳，進財困難，財也留不住。

◎當太陰星出現在流年財帛宮、流月財帛宮時，若居廟旺的位置，表示該年、該月財多富足，且有餘存。若居陷位時，則表示進財困難，且入不敷出。

陰機同宮：《請參看天機星中的陰機同宮部份。》

日月同宮：《請參看太陽星中的日月同宮部份。》

同陰同宮

◎當太陰與天同雙星同坐命盤中的財帛宮時，若在午宮，天同居陷，

而太陰居平，賺錢不積極，進財困難，『金錢運』不佳。若在子宮，同陰二星皆廟旺，『金錢運』不錯。又因天同是顆『懶福星』，同陰二星又是『機月同梁格』中之一員，故同陰的財富多以薪水階級或按時領錢等的方式進帳，不同於別的財星進財的方式。

◎當同陰二星出現在流年財帛宮、流月財帛宮時，若在午宮表示該年、該月心情懶散，進財困難，『金錢運』不佳。若在子宮，則表示該年、該月坐享其成即可安享財富，『金錢運』好。

太陰與祿存、左輔、右弼同宮

◎當這些星居旺出現在命盤中的財帛宮時，表示你的『金錢運』一向很好，且有大富之命。太陰居陷時，也有一點足夠生活的財。

◎當這些星出現在流年財帛宮、流月財帛宮時，表示該年、該月你有好的『金錢運』，財多且有積蓄。

太陰與昌曲同宮

◎當太陰與文昌、文曲同坐於命盤中的財帛宮時，若太陰、昌曲皆在旺位，表示你是一個多財且精打細算的人。若太陰居陷，則財運不佳。若昌曲居陷，則不太精明。

◎當太陰、昌曲一同出現在流年財帛宮、流月財帛宮時，太陰居旺，則表示該年、該月『金錢運』佳。太陰落陷，該年、該月『金錢運』差，進財困難。

太陰與羊陀同宮

◎當太陰與擎羊、陀羅同坐於命盤中的財帛宮時，太陰星就算是居旺，也是敗財、耗財多，且有因血光、是非、麻煩所造成的破耗。若太陰又居陷地，『金錢運』非但不佳，屋漏又逢連夜雨，血光、是非又纏身，晦氣至極！

◎當太陰與羊陀同時出現在流年財帛宮、流月財帛宮時，如前述所說的，在該年、該月不管有無進財，都要小心血光、敗財、是非等的問題所帶來的災難。

天同星

◎當天同星出現在命盤中的財帛宮時，若居廟旺，則表示你的財富會順理成章而來，有長者賜與的，或是平順工作上獲得的，無須你過於辛苦操勞的打拼，就是你想白手成家，也能水到渠成。若天同居平陷，則需辛苦打拼，且不聚財，『金錢運』較差了。

◎當天同星出現在流年財帛宮、流月財帛宮時，若居廟旺，表示你該年、該月是很享福的，『金錢運』不錯，不會有財務上的煩惱。若是天同居平陷，則表示該年、該月你會奔波勞碌卻無所獲，很想打拼賺錢，身心卻不一致，『金錢運』也不佳。

同陰同宮：《請參看太陰星中的同陰同宮部份。》

同巨同宮

◎當天同、巨門二星同坐命盤中的財帛宮時，因二星同宮時，定在丑未二宮，皆是陷落之地，天同福星陷落不能爲福，巨門爲暗曜，是非又多，因此『金錢運』差，且多招是非困難。

◎當天同、巨門出現在流年財帛宮、流月財帛宮時，表示該年、該月『金錢運』差，且要小心破財與口舌是非的困擾。

同梁同宮

◎當天同、天梁雙星同坐於命盤中的財帛宮時，在寅宮，辛苦打拼，又得長輩貴人的幫助，獲財很多。在申宮，則爲人較鬆懈，得不到貴人及長輩之助，是個較懶只知享受的命程。因此同梁在寅宮的『金錢運』要比在申宮的『金錢運』好出太多。

◎當同梁二星出現在流年財帛宮或流月財帛宮時，表示該年、該月的財運是：在寅宮『金錢運』極佳。在申宮『金錢運』不佳，且操勞忙碌。

天同與羊陀、火鈴、空劫同宮

◎當天同與擎羊、陀羅、火星、鈴星、天空、地劫等星同坐於財帛宮時，一生都是財來財去，留不住財，且靠他人爲生，自己也享不到福，操勞一生。

◎當天同與這些煞星一同出現在流年財帛宮、流月財帛宮時，表示該年、該月『金錢運』不佳，財來財去總成空，手邊沒有餘錢常鬧窮，且易惹血光、是非等麻煩。

天相星

◎天相是一顆福星，有忠實、勤勞、熱心賣力的特性。因此當天相星入坐在命盤中的財帛宮時，你的財富豐盛，儘管你已很富有，仍是會孜孜不倦的忙於工作，生活也很規律，所以你的財富愈來愈多。天相星若居陷落的位置，進財的速度減慢，人更勞碌。

◎當天相星出現在你的流年財帛宮、流月財帛宮時，該年、該月你的手邊富裕，存款不少，你對賺錢的工作也平和持續的在努力著，『金錢運』很旺盛。若天相落陷，你的『金錢運』則緩慢而減低。

紫相同宮：《請參看紫微星裡的紫相同宮部份。》

武相同宮

◎當武曲、天相雙星同坐命盤中的財帛宮時，因武曲是正財星，天相是福星，這樣的配置是很不錯的。又因武相雙星只會在寅、申二宮相遇。在這二宮裡，天相福星是廟旺的位置，武曲則是「得地」的位置，不算頂旺。因此武相同宮，『金錢運』是以平順安享福氣的成份居多。若在命盤中的財帛宮出現時，代表你有固定高薪的職業，進財平順，且過著高水準的生活。

◎當武相雙星出現在流年財帛宮、流月財帛宮時，代表你該年、該月『

金錢運』不錯，富裕的你生活得很平順享福。

廉相同宮：《請參看廉貞星中的廉相同宮部份。》

天相與羊陀、火鈴、劫空同宮

◎當天相與擎羊、陀羅、火星、鈴星、地劫、天空等星同宮於命盤中的財帛宮時，表示你的財富雖很穩定，但是時有破耗，讓你傷腦筋，就像是裝錢的袋子，被老鼠咬了破洞一般。儘管如此，你還是兢兢業業的去工作賺錢。當天相陷落時，破財與災害的程度加深。

◎當天相與這些煞星一同出現在流年財帛宮、流月財帛宮時，該年、該月你的『金錢運』是受到傷害、不順利的，並且有羊陀的年份、月份，都要小心血光、敗財所帶來的災害。有火鈴二星，要小心意外及病災所帶來的災禍。有空劫二星，要小心耗財、被騙或丟錢失財的災害。

如何掌握
旺運過一生

天梁星

◎當天梁星入坐在命盤中的財帛宮時，天梁爲貴人星、父母星。一般都有父母蔭，可得長輩賜財。天梁若居廟旺，再有化祿、祿存同宮，則是大富大貴之命了。『金錢運』非常旺盛，且有極高的權勢名聲。

若天梁居陷落的位置，則沒有貴人相助，求財限於勞心勞力、辛勤忙碌之中。

◎當天梁星出現在流年財帛宮、流月財帛宮時，若居廟旺，表示該年、該月你有極佳的名聲，錢財因名聲而來。若居陷落，表示『金錢運』不佳，奔波勞碌辛苦得財。

同梁同宮：《請參看天同星中的同梁同宮部份。》

機梁同宮：《請參看天機星中的機梁同宮部份。》

陽梁同宮：《請參看太陽星中的陽梁同宮部份。》

天梁與羊陀、火鈴、劫空同宮

◎當天梁與擎羊、陀羅、火星、鈴星、地劫、天空等星同宮於命盤中的財帛宮時，天梁星若居旺，『金錢運』稍好，但也是辛勤勞苦，耗財較多，存錢不易。天梁星本來就不主財，此時又遇煞星，也影響了名聲的獲得，因此進財不多。

若天梁星居陷落，會造成生活困苦、辛勞渡日的狀況。

◎當天梁星與這些煞星出現在流年財帛宮、流月財帛宮時，表示該年、該月你要小心血光、災害所帶來的耗財及進財不易的問題。

天梁與昌曲、魁鉞、左右同宮

◎當天梁星與文昌、文曲、天魁、天鉞、左輔、右弼等吉星同宮於命盤中的財帛宮時，若天梁居旺，而昌曲也是居旺的，則表示你的『金錢運』非常好，管理錢財很精明，賺錢及花錢的方式很清高。

若天梁居陷，則表示辛勤勞苦又清高的去賺錢，所得的財富不多。

◎當天梁與昌曲、魁鉞、左右一同出現在流年財帛宮、流月財帛宮時，若天梁居旺，表示該年、該月有貴人助你賺錢，『金錢運』還不錯。

若天梁居陷，表示該年、該月『金錢運』不佳，名聲也不好，沒有貴人幫助，勉強糊口渡日。

武曲星

◎當武曲星入坐命盤的財帛宮時，武曲是正財星，若居廟旺，表示你的『金錢運』非常好，財多富足。若與化祿、祿存等財星同宮於財帛宮，表示你有億萬的財富。並且會與貪狼相照，會有極大之『偏財運』要爆發。

若武曲居平為武殺、武破時，則沒有財運，辛勤勞苦、吝嗇渡日。

◎當武曲星出現在流年財帛宮、流月財帛宮時，若居廟旺之位，表示該年、該月你的錢財豐盛，『金錢運』特佳。若居平位為武殺、武破，表示你該年、該月『金錢運』不佳，且儉吝成性。

武府同宮：《請參看天府星中的武府同宮部份。》

武貪同宮

◎當武曲、貪狼雙星同坐於命盤中的財帛宮時，表示你的財富中會有爆發『偏財運』得來的錢財。『武貪格』的暴發運以爆發在事業上的機會較多，如此承受好運所帶來的利益較長久。有時也會直接爆發在錢財上，算是最佳的『金錢運』了！

四十歲以後爆發的『偏財運』較能留得住。

武貪若遇羊陀同宮或相照爲『破格』，但略有小血光見紅，可保『偏財運』的爆發。

◎當武貪雙星同坐流年財帛宮、流月財帛宮時，表示該年、該月你會有爆發『偏財運』的機會，你要小心守候！

武相同宮：《請參看天相星中的武相同宮部份。》

如何掌握
旺運過一生

武殺同宮

◎當武曲、七殺雙星同坐於命盤中的財帛宮時，表示你很會打拼，白手起家生財。武殺同宮，一定是坐於卯酉二宮，但在此二宮中，武曲財星居平陷，財星不旺財不多，再加上財星逢煞，『因財被劫』，只是多了辛勞而已，『金錢運』不算好。所幸對宮的天府星是財庫，讓你老年時可享受到你辛苦賺來的錢財。

◎當武殺二星一同出現在流年財帛宮、流月財帛宮時，表示該年、該月你的錢賺得很辛苦，財也不多。雖然如此，你還是停不下來，要努力去打拼著。

武破同宮

◎當武曲、破軍二星同坐於命盤中的財帛宮時，表示你的財運一直是在東來西去，左手進右手出的狀況，花費很多，無法聚財，這也是因財被劫的關係。

◎當武破二星一同出現在流年財帛宮、流月財帛宮時，表示該年、該月你很會賺錢，但財庫破了個洞，總是沒有留存，無法聚財，因此『金錢運』也不算好了！

武曲與左右同宮

◎當武曲與左輔、右弼同坐於命盤中的財帛宮時，表示你有貴人相助得財，財運亨通。

◎當武曲與左右一同出現在流年財帛宮、流月財帛宮時，表示該年、該月你會得到貴人的幫助，生財很多。

武曲與昌曲同宮

◎當武曲星與文昌、文曲同坐於命盤中的財帛宮時，表示你對生財賺錢的事情非常精明，財運亨通。武曲財星若落陷的話，你會成爲慳吝的小人。

◎當武曲與文昌、文曲同宮於流年財帛宮、流月財帛宮時，若武曲居旺，表示該年、該月你的財運亨通，對於金錢也發揮了高度才智。若武曲居平陷，則表示你的聰明才智無法幫你生財，你必須勞苦生財。

武曲與羊陀、化忌同宮

◎當武曲星與擎羊、陀羅或化忌星同坐於命盤中的財帛宮時，財星與煞星同宮，『因財被劫』，會成爲慳吝的小人，對財吝嗇，六親不認，『金錢運』也不好。

◎當武曲、擎羊、陀羅、化忌同宮於流年財帛宮、流月財帛宮時，表示你該年、該月被劫財、耗財纏身，是非、官非多，自己也因爲吝嗇的關係，自絕了後路，『金錢運』不好。

貪狼星

◎當貪狼星出現在命盤中的財帛宮時，若爲入廟，表示你一生有多次機會得到『偏財運』的垂青，成爲爆發之人，且賺錢的方式多靠人緣獲得。若貪狼星居陷地，則將貧困又不聚財。

◎當貪狼星出現在流年財帛宮、流月財帛宮時，若居旺位，表示該年、該月你會有一筆意外之財。若是正逢『火貪格』、『鈴貪格』上，你在該年、該月會爆發『偏財運』。若沒有火鈴來同宮或對照，也表示該年、該月你靠著『人緣』會有非常好的『金錢運』。若貪狼居陷地，則該年、該月人緣不佳，『金錢運』不好，有些窮困。

紫貪同宮：《請參看紫微星中的紫貪同宮部份。》

武貪同宮：《請參看武曲星中的武貪同宮部份。》

廉貪同宮

◎當廉貞、貪狼二星同宮在命盤中的財帛宮時，因廉貪二星只會在巳、亥二宮同宮，又在此二宮皆居陷落的位置，若再遇火鈴二星，會橫發橫破。

總之，廉貪巳亥同宮在財帛宮時，財務不穩定，若無火鈴同宮或相照，更是困苦，人緣也不佳，借錢都沒處借！

◎當廉貪二星出現在流年財帛宮、流月財帛宮時，表示該年、該月你的人緣不佳，『金錢運』很差。若有火鈴同宮或相照，雖有爆發『偏財運』的機會，因火鈴在巳亥二宮也居平陷，故所爆發的『偏財運』旺度是極低的，所獲得的金錢也就不會很多了。

貪狼與火鈴同宮

◎當貪狼星與火星、鈴星同時出現在命盤中的財帛宮時，是爲『火貪格』、『鈴貪格』，有爆發『偏財運』的機會。但貪狼星不發少年，三十歲以後才會橫發錢財。一生的財富，成敗不一，財來財去，暴起暴落的機會很大。

◎當貪狼與火星、鈴星一同出現在流年財帛宮、流月財帛宮時，表示該年、該月你有『偏財運』的極端旺勢的運氣要爆發！可事先做好迎接旺運的心理準備，好好利用此一旺運，創造人生的高潮。

貪狼與羊陀同宮

◎當貪狼星與擎羊、陀羅同宮於命盤中的財帛宮時，當貪狼、羊陀居旺，表示你的『金錢運』很旺，雖稍有破耗，但不嚴重。若貪狼、羊陀皆在陷地，則表示你的『金錢運』很差，且有血光災禍讓你破財。若貪狼居旺，羊陀居陷，則表示你的『金錢運』很好，但有血光災禍讓你破財。

◎當貪狼與羊陀一同出現在流年財帛宮、流月財帛宮時，貪狼若居旺位，表示該年、該月『金錢運』佳，但有血光、是非纏身。若皆居陷位，表示你該年、該月沒財運，且血光、是非太多，讓你捉襟見肘，異常困苦。

廉貞星

◎當廉貞星出現在命盤中的財帛宮時，若居旺位，表示你有精明的計劃能力去賺錢，一切都掌控在你的手中。對於生財的目標，你也積極努力的邁進，『金錢運』平順。

若廉貞居陷位，則辛勤勞苦的程度增加，雖然仍是計劃生財的事，但企劃不夠周詳，思想不夠精明，會有事倍功半的效果，『金錢運』不佳。

◎當廉貞星出現在流年財帛宮、流月財帛宮時，若廉貞居旺，表示該年、月你很會企劃生財，『金錢運』不錯。若廉貞居陷，則『金錢運』不佳。

廉府同宮：《請參看天府星中的廉府同宮部份。》

廉貪同宮：《請參看貪狼星中的廉貪同宮部份。》

廉相同宮：《請參看天相星中的廉相同宮部份。》

廉殺同宮

◎當廉貞、七殺二星同坐於命盤中的財帛宮時，因廉殺二星只會在丑未二宮同宮，此時廉貞居平，七殺星居廟旺，故廉殺同宮時的賺錢方式，是以身體力行，勞力的付出較多，腦力的企劃較少的一種模式在賺錢。七殺星也是財星，要去拼命賺才有的財，故『金錢運』不太好。

◎當廉貞、七殺一同出現在流年財帛宮、流月財帛宮時，表示該年、該月你非常忙碌、打拼的去賺錢。要到熱鬧的地點，費力的賺，『金錢運』就會很不太好。

廉破同宮

◎當廉貞、破軍同坐於命盤中的財帛宮時，因二星必在卯酉二宮同宮，此時雙星皆居平陷，故一生勞碌生財，破耗太多，對錢財也不精明，『金錢運』不佳，老年時才會好。

◎當廉貞、破軍出現在流年財帛宮、流月財帛宮時，表示你該年、該月非常勞碌，很忙但破耗多，『金錢運』不太好。

廉貞與羊陀同宮

◎當廉貞與擎羊、陀羅同坐於命盤中的財帛宮時，表示你很辛苦忙碌的去賺錢。廉貞居旺時賺得稍多。廉貞陷落時賺不到錢。但都是帶有嚴重的血光（車禍）、是非等災禍相隨。若再加火鈴，有火災喪生的危險。若有七殺同宮或相照，路上埋屍，性命堪憂。

◎當廉貞與羊陀一同坐在流年財帛宮、流月財帛宮時，表示你該年、該月『金錢運』不佳。且有血光災禍讓你性命堪憂，金錢不順在此都是小事了。

廉貞與火鈴同宮

◎當廉貞星與火星、鈴星同坐於命盤中的財帛宮時，表示你的『金錢運』不算很好，已在中等以下了。且常有突發事件讓你破財。

◎當廉貞與火鈴同坐於流年財帛宮、流月財帛宮時，表示該年、該月你的『金錢運』不順。且有火災發生，讓你受傷！若加羊陀，有因火災喪生的可能。

廉貞與空劫同宮

◎當廉貞與地劫、天空同坐於命盤中的財帛宮時，財來財去，『金錢運』不佳，且常在官府惹官司破財。

◎當廉貞與地劫、天空一同出現在流年財帛宮、流月財帛宮時，表示該年、該月『金錢運』不佳。且惹官非，要破財消災。因此你要及早預防！

巨門星

◎當巨門星出現在命盤中的財帛宮時，若居廟旺，可白手起家，利用口才在鬧地生財。因此適合作超級推銷員或民意代表之類的人物。但『金錢運』是起伏不穩定的局面。高的時候很高，低的時候很低。

巨門星若居陷落的位置，『金錢運』不佳，且有金錢的是非纏繞。

◎當巨門星出現在流年財帛宮、流月財帛宮時，若居旺位，表示你該年該月靠口才獲利不少，『金錢運』不錯。若居陷地，則表示你該年該月『金錢運』很差，且口舌是非纏身。

機巨同宮：《請參看天機星中的機巨同宮部份。》

陽巨同宮：《請參看太陽星中的陽巨同宮部份。》

同巨同宮：《請參看天同星中的同巨同宮部份。》

巨門星與羊陀、火鈴、劫空同宮

◎當巨門星與擎羊、陀羅、火星、鈴星、地劫、天空等星同坐於命盤中的財帛宮時，因巨門爲暗曜，多招是非，再遇煞星，刑剋極重，財運也破敗多重，很難彌補。

◎當巨門星與羊陀、火鈴、劫空一同出現在流年財帛宮、流月財帛宮時，表示該年、該月破財、官非、口舌上的是非災禍很多。尤其是巨門、擎羊、火星三星同在流年、流月的財帛宮中時，常會因財務問題而自殺，因此不得不防！

七殺星

◎當七殺星出現在命盤中的財帛宮時、因七殺也是財星，若在子、午、寅、申等宮為廟旺之地，會橫發財富（命盤中會出現『武貪』、『火貪』、『鈴貪』格）。你賺錢的方式像將軍出戰一般，非常勇猛打拼，必然獲財很多。

七殺在巳亥宮落平陷，財星落陷，則會勞心苦志去生財，但效果普通。因會與紫微同宮，因此只是一般平順尚可的財運。

◎當七殺星出現在流年財帛宮、流月財帛宮時，表示該年該月你會很忙碌拼命去賺錢。若七殺居旺，你的『金錢運』不錯，只要努力都賺得到。若七殺居平，『金錢運』稍差，辛勤努力是平順中稍多一點罷了。

紫殺同宮：《請參看紫微星中的紫殺同宮部份。》

武殺同宮：《請參看武曲星中的武殺同宮部份。》

廉殺同宮：《請參看廉貞星中的廉殺同宮部份。》

七殺與羊陀、火鈴同宮

◎當七殺與擎羊、陀羅、火星、鈴星同坐於命盤中的財帛宮時，表示你的財運波折很多，進財困難，『金錢運』是十分不好的。

◎當七殺與羊陀、火鈴一同出現在流年財帛宮、流月財帛宮時，則表示該年、該月財運困難，且有血光、傷殘、疾病等災害。若七殺、擎羊再遇廉貞在大運、流年、流月三重相逢之時，路上埋屍，有性命之憂。

七殺與劫空同宮

◎當七殺與地劫、天空一同出現在命盤中的財帛宮時，表示你一生的財運都很困難，進財不順，在窮困中渡日。

◎當七殺與劫空一起出現在流年財帛宮、流月財帛宮時，表示你該年、該月真是囊空如洗，家無餘糧，雖拼命的努力也只是在困窘中打轉。等過了這個月或這個年，可能情況就會好轉。

破軍星

◎當破軍星入坐在命盤中的財帛宮時，若在旺地子午宮，財源豐富，金銀可聚，且你是個非常積極打拼賺錢的創業家。雖有些浪費耗財的情形，但也輕易的能應付了。若破軍星居陷地，則耗敗錢財，也不能聚財！賺錢的方式也是不務正業的一種。

◎當破軍星出現在流年財帛宮、流月財帛宮裡時，若居旺，表示該年、該月你很衝動的愛打拼賺錢。『金錢運』不錯，但花費也不少。若居陷地，則進財困難，耗費又多，時常處在困苦之中。

紫破同宮：《請參看紫微星中的紫破同宮部份。》

武破同宮：《請參看武曲星中的武破同宮部份。》

廉破同宮：《請參看廉貞星中的廉破同宮部份。》

破軍與羊陀、火鈴同宮

◎當破軍星與擎羊、陀羅、火星、鈴星等星同宮於命盤中的財帛宮時，若各星居旺稍好一點。但也要小心血光、是非、破耗錢財的事。若各星居陷，各種災害較重，會有性命之憂。

◎當破軍與羊陀、火鈴一同出現在流年財帛宮、流月財帛宮時，表示你該年、該月會因血光、是非而破財、傷殘或喪生，因此非得小心不可！

破軍與劫空同宮

◎當破軍與地劫、天空同坐於命盤中的財帛宮時，財來財去。若破軍居廟旺，破財耗財的速度慢一點。若破軍陷落，破財耗財的速度很快的讓你一貧如洗。

◎當破軍星出現在流年財帛宮、流月財帛宮時，表示該年、該月你的錢財一直在耗損當中。雖努力衝刺打拼，仍是花的比賺得多。

文昌星

◎當文昌星獨坐命盤中的財帛宮時，若居廟旺，對錢財非常精明，一生富裕，財氣亨通，『金錢運』非常好。若居陷地，則破耗多，對錢不夠精明。

◎當文昌星獨坐流年財帛宮、流月財帛宮時，若居廟旺，表示該年、該月你的『金錢運』非常好。若居陷地，『金錢運』差。

文昌與巨門同宮

◎當文昌星與巨門同宮於命盤中居旺時，能替你帶來富足的錢財，但是在辰戌丑未宮巨門居陷，是非麻煩較多、錢財不順。

◎當文昌星與巨門星一同居旺出現在流年財帛宮、流月財帛宮時，表示你進財順利，『金錢運』不錯。

文昌與羊陀、火鈴、劫空、化忌同宮

◎當文昌星與擎羊、陀羅、火星、鈴星、地劫、天空、化忌等星同宮於命盤中的財帛宮時，表示你一生的財運成敗起伏不定，且不聚財。『金錢運』不好，爲一寒儒之流。

◎當文昌與羊陀、火鈴、劫空、化忌等星一同出現在流年財帛宮、流月財帛宮時，『金錢運』不好，血光、是非、耗財之事層出不窮。

文曲星

◎當文曲星獨坐命盤中的財帛宮時，若居廟旺，一生富足多金，且得貴人相助生財。若居陷地，只是靠口才騙吃騙喝之徒。

◎當文曲星單獨進入流年財帛宮、流月財帛宮時，若居旺位，表示該年、該月『金錢運』極佳。若居陷地，『金錢運』不佳，且窮困。

文曲與羊陀、火鈴、劫空、化忌同宮

◎當文曲星與擎羊、陀羅、火星、鈴星、地劫、天空、化忌一同出現在命盤中的財帛宮時，若文曲居旺時好一點。若文曲居陷地，破敗、血光、是非麻煩等災害非常嚴重。

◎當文曲與羊陀、火鈴、劫空、化忌等星出現在流年財帛宮、流月財帛宮時，表示你的『金錢運』不好，且有血光、是非、破耗錢財的事情發生。

左輔、右弼星

◎當左輔星或右弼星單獨出現在命盤中的財帛宮裡時，表示你一生的財富很多，且可得到貴人的幫助而得錢財。

◎當左輔星或右弼星單獨出現在流年財帛宮、流月財帛宮時，表示該年、該月你的錢財富裕，且能得『貴人財』。

天魁、天鉞星

◎當天魁星或天鉞星單獨出現在命盤中的財帛宮裡時，表示你一生清高中生財（作老師或寫作、繪畫之類），一生富裕過活。

◎當天魁星、天鉞星單獨出現在流年財帛宮、流月財帛宮裡時，表示你該年、該月錢財通順，『金錢運』不錯。

化祿、化權、化科星

◎當化祿星、化權星、化科星進入命盤中的財帛宮時，要看這些星所依附的主星是什麼？若是財星居旺地，進財就多，『金錢運』就非常好，若是像天機、太陽、天梁這些不主財的星，『金錢運』就較弱。若主星陷落，財就更少了。若是破軍化祿雖在旺位，依然有破財的癥兆。

◎當化祿、化權、化科出現在流年財帛宮、流月財帛宮時，有化祿星，表示該年、該月大進財。

有化權星，表示該年、該月能掌握賺錢的主導權，也能進財。

有化科，表示該年、該月你很有辦事的頭腦與方法，也能大進財。

化忌星

◎當化忌星進入命盤中的財帛宮時，總是帶來金錢不順，耗財、是非、官非等，讓你不勝心煩。

◎當化忌星出現在流年財帛宮、流月財帛宮時，表示你在該年、該月會有金錢上的麻煩，要小心防範才好！

祿存星

◎當祿存星單獨進入命盤中的財帛宮時，一生富足有積蓄，生活舒適。但祿存星為『小氣財神』，故有此星獨守財帛宮者，多對錢財慳吝小氣。

◎當祿存星單獨出現在流年財帛宮、流月財帛宮時，表示你該年、該月『金錢運』大好，且有守財奴的個性。

如何掌握旺運過一生

擎羊、陀羅星

◎當擎羊星、陀羅星單獨出現在命盤中的財帛宮時，若居廟地，表示你在熱鬧的地點賺錢生財，可賺得很多，並且你從事的行業定是競爭激烈的行業。若居陷地，則勞心苦志賺不到錢，且是非、麻煩、血光很多，更別說聚財存留了。

◎當擎羊、陀羅單獨出現在流年財帛宮、流月財帛宮裡時，若居廟地，表示該年、該月你會積極的參加競爭的行列去賺錢，得財很多。若居陷地，貧困度日不聚財。

火星、鈴星

◎當火星、鈴星單獨出現在命盤中的財帛宮時，若居廟旺，表示你一生的財富會由爆發『偏財運』而得來，但是橫發橫破，暴起暴落，造成你一生的財富都不很穩定。若居陷地，則在辛勞困苦中生財。

◎當火星、鈴星單獨出現在流年財帛宮、流月財帛宮裡時，若居廟旺，表示該年、該月你會爆發『偏財運』，橫發財富。若居陷地，金錢運很差，破耗又多要小心！

天姚星

◎當天姚星進入命盤中的財帛宮時，表示你的財富很多，但忌酒色傷財、敗財。

◎當天姚出現在流年財帛宮、流月財帛宮裡時，表示你的『金錢運』很好，會大進財。但酒色傷財要小心。

2 掌握『愛情運』的成功時間法則

何時是你『紅鸞星動』的最佳時機

在人生裡，『小登科』是人類最幸福的時候了。結婚的喜慶之事，又是人生中的一個分類點。表示你已從未成年人進入成年人的境界，也將負起人類傳統的責任。這是一個多麼可喜可賀的事情呢？！

人在年青的時候，常常以『愛情』爲重，往往又分不出是否是真愛？不顧一切盲目的奔向婚姻之途，這就是埋下日後愛情失色，婚姻不美滿的地雷。

有一個長得十分柔美太陰坐命的女孩，最近十分苦惱的要我幫她看看運程，因爲她不知道要不要結婚。

當然我已十分明白在她的心中已有了決定。

太陰坐命的人，很容易動情。她們的外表柔美很吸引異性的關注，是最好的情人。但是也常常失戀，感情波折特別多，她們會一生都在愛情裡打滾也無怨無悔。

這個女孩在經過多次戀愛不順利之後，她的感情急需找一個避風港。而且在此時，她會不顧家人反對的去結婚。

我常對年輕的朋友們說：不管是談戀愛也好，結婚也好，都要選在旺運的時候去談去結。

人在旺運的時候，心情開朗，平易近人，人緣、桃花都是屬於正面的。所遇到的對象較會遇到正派的人，各方面的條件也會比較好。

基於旺運的人會吸引旺運的人，旺運的人也會吸引弱運的人。

當你處於旺運時，比較有『明辨』的能力，對於自己的喜好較能清楚掌握。對於自己不是很喜歡的人，會很有辦法的加以拒絕。

弱運時的邪桃花

但是處在弱運時，因爲人緣不是很好（這點有時連你自己都不能分辨），桃花往往會流於邪桃花。對於自己不是很喜歡的人，也勉強的接受了，以至於引起以後的紛爭。

有些女孩在弱運時，做了別人的情婦、小老婆，或是大哥級的小老婆，或是發生不正常的婚外情之類的。爲什麼她們甘心如此呢？實在是衰弱的運勢裡，她們無法用清晰的頭腦作出正確的選擇之故。

邪桃花往往因爲流年、流月的運程逢到而使然，等到流年、流月的時間過了，這段姻緣也就煙消雲散了。所以這種情況也可稱爲『露水姻緣』。

因此也有些男女朋友在弱運時愛在一起，像溺水的人彼此緊拉在一起求救，到旺運時就各自分開，因爲大家都已看清楚自己的方向了。有句話說：『因誤會而結合，因瞭解而分開。』正是這種狀況的寫照了。

如何掌握
旺運過一生

有一位與老闆相戀多年的女秘書來找我，說她心中很苦，實在不願意做別人家庭的第三者，不知該怎麼辦？因爲這位老闆的生意不怎麼樣！都要靠她張羅拉拔，倘若她走了，老闆說他要自殺。她實在不忍心丟下他不管。

聽到這樣的故事，你會怎麼辦呢？

我給她的建議是這樣的：

我說：『事實上你今天會來找我，我相信你已經有了答案！倘若你沒有答案，你是不會來的。今天你只不過來找我印證一下你的想法罷了！』

她紅著臉點頭稱是。

我說：『那就照你心裡的意思去做好了！妳可以放心！那個男人是絕不會自殺的。現在你有了明確的決定，就表示你已走入旺運期了，思想也清明了，態度要明確一點才行！你的人緣桃花很多、很好，正正當當結婚的機會很多，不要再浪費時間在不能見光的事情上。』

她說：『真的嗎？我前兩年真的過得很不好，家裡的人因爲我和這個男人的關係，已經不理睬我了！朋友們也跟我保持距離，好像我會搶她們的丈夫似的，真氣死我了！』

我說：『現在你是一個新的開始了！從新開始，這些親人和朋友都會回來關心妳的。妳一定要好好的做給他們看！表示妳是一個有骨氣的人，與這段孽緣一刀兩斷！』

『可是我還有一百多萬在他公司裡，要是我與他斷了，錢豈不是泡湯了？』

『唉！妳真是個傻妞呀！那些錢妳以爲還要得回來嗎？妳再與他耗個十年，只怕愈陷愈深，愈耗愈多，一輩子都賠進去了！錢是身外之物，只要人活著活得好，多少錢都賺得回來！要斷！就要捨！捨不得這個，捨不得那個，是斷不了的。想想妳的人生中還有幾個三年、五年的時間可以如此揮豁浪費掉的？今年妳已三十多了吧？』

『三十三歲了！』

『就是呀！趕快重新開始！遇見一個好條件的男人結婚，生兩個漂亮可愛的小孩，享受一下真正幸福的人生還來得及！再拖下去，人生實在沒有希望囉！』

她沉吟半晌，猛點頭，隨即告辭。後來聽說她回去之後馬上搬了家。

今年年初她帶朋友來見我，遞給我一張喜帖。和她一起來的朋友就是她未來的先生，文雅溫厚，真是一對璧人。

選擇旺運時結婚

最後給即將結婚，或正在熱戀的男女朋友們一句忠告：你想結婚了嗎？先看看你自己的紫微命盤中的流年、流月裡，是不是正處在旺運期？對方是不是也一樣的處在旺運期？倘若都是的話！恭喜你們！趕快結婚吧！

倘若不是呢？或是一個是一個不是呢？最好再稍爲等待一下。有緣的話，彼此都會等待對方。無緣的話，露水姻緣也會早日了結，你就可以再去尋找一段新的旺運的感情了，不必日後受苦，以後你會很慶幸自己有這麼明智的決定的。

3 掌握每一個『人生變動』的旺運成功法則

要掌握每一個人『人生變動』的旺運，當然首先要知道人生會在何時變動？大致會有什麼樣的變動？這個變動對自己是有利的？還是不吉的？要怎樣去把握？還是要怎樣去躲避？

有了這些問題之後，我們先來看看第一個問題。

人生何時會有變動

人生的運程在大運、流年、流月經過『殺、破、狼』格局時，會產生很大的變動，其次在大運流年、流月中有天機星的時候，也會發生變動。

『殺、破、狼』格局，包括七殺、破軍、貪狼三顆星，在命盤中是鼎足三立的姿態，在三合的地帶竚立著。

『七殺』的運程

當你的運程，不管是大運還是流年、流月，進入七殺這顆星所在的宮中時，你會非常忙碌，急於打拚，想得到一切（包括了金錢、官聲、愛情）。

當七殺星居旺時，你是個勇猛的將軍。奮力衝殺的結果，當然戰功彪炳。

雖然七殺星也是財星，努力打拼的結果，一定會得到財富。但是七殺入主的大運流年、流月卻有一絲隱憂存在。那就是：

一、七殺在辰、戌宮獨坐居旺時。對宮是廉府，乙、丙、辛、壬年生的人，會有擎羊、陀羅、化忌進入辰、戌宮，而形成『廉殺羊』、『廉殺陀』、『羊陀忌』的格局生命堪憂、與重度血光的問題。

二、廉貞、七殺在丑未同宮。廉貞居平，七殺居旺，在大運及流年、流月裡，衝刺打拚時，只是體力的極度消耗，較沒有計劃，沒有方向，成果不會很好。大運、流年、流月三運重合時要小心『廉殺羊』、『廉殺陀』的災禍。

三、武殺在卯、酉宮同宮。若大運、流年、流月逢到。因為七殺雖居旺，但武曲財星落平陷。『因財被劫』的關係，雖很努力的去賺，但財不多，此人且會有『為富不仁』的行為出現。

四、紫殺在巳亥宮同宮時，七殺已居平陷之位。但有紫微的坐鎮，七殺倒是無法發揮凶性，且有對宮天府這顆財庫星相照，成為努力打拚之後，獲得財富平順的吉運。

五、七殺有在子、午宮獨坐居旺。對宮是武曲、天府。也就是說七殺這個將軍的遷移宮（外面的環境是正財星、財庫星。）將軍去外面征戰，一定可大發其財的。但是，七殺和武府也是相照的關係，也是『因財被劫』的一種，故也會破財和略有『為富不仁』的狀況發生的。

六、七殺在寅、申宮居廟獨坐。對宮是紫府。將軍奮力外出征戰，外界的環境又這麼好。這麼吉祥，又這麼多財。故而收獲不少。

縱觀以紫微星為主的命盤模式中，所有的『殺、破、狼』格局裡，幾乎都有『廉殺羊』、『廉殺陀』的威脅。也就是說只有『紫微在申』、『紫微在寅』、『紫微在辰』、『紫微在戌』的這四個命盤模式，不會在三合地帶或四方之地，直接遇到。但是若生年有問題，仍是會有相夾的困擾出現，也不得不防。

倘若你是『紫微在寅』、『紫微在申』、『紫微在巳』、『紫微在亥』命盤格式的人，而又是壬年生的人的話，因為有紫微化權來與七殺同宮或對照，把七殺這顆將星、財星控制得萬分周詳。因此，你若是這類命格格式的人，又生在壬年的話，大富與大貴，就在寅年（虎年）、申年（猴年）、巳年（蛇年）、亥年（豬年）這四個年份上了。又因壬年有武曲化忌，此四種命盤格式的人的『武貪格』暴發運會不發，因此紫微化權是對他的一種補償作用罷了。

『破軍』的運程

當你的運程，不管是大運或流年、流月進入破軍星所在的宮中時，你會想打破一切的禁忌，努力積極的開發創業，或發展新的事務。這種運程，對於從事外交事務，或是發展部門的人或主管，或是業務部門的人員來利用最好不過了。他一定會摒棄舊有的傳統的方法，以嶄新的手段來改善現況，業績一定是不同凡響的。

但是有建設，就會有破壞，而且也會遭到不同意見的人反對，這些就是破軍運裡，你所要面對的問題了。

破軍在旺位時的力量當然不錯，但是破軍在卯、酉、巳、亥宮居於平陷時，就爲惡不少了。破軍不論旺弱，都有破耗、敗財、血光的問題存在。破軍居旺時，這些問題較小。若居陷地，破耗、敗財、血光的問題嚴重。

一、破軍坐子午宮在大運、流年、流月中出現時，對宮是廉相。廉貞居平，天相居廟，穩定了衝動的破軍星，讓它在極力打拚的時候，形成一種投資性的狀況，進財不多，只是平順而已。

二、破軍星在丑、未宮出現時，與紫微同宮，對宮是天相星。這兩顆穩重的星挾制了破軍的惡性，使其向善。因此只有忙碌打拚的努力，人事的糾紛是較少的。但是仍然脫離不了破財、血光的問題。

三、破軍在寅申宮獨坐時，其旺度剛剛及格，只有得地的級度。對宮是武曲、天相雙星。武相雖然生財平順、享受富裕，但破軍卻能破壞他們的和諧，造成一個『因財被劫』的局面，所幸劫的多半是財而已。血光的災禍較小。

四、破軍在辰戌宮獨坐居旺時，對宮是紫微、天相。只要沒有羊陀、火鈴的同宮或對照，在大運或流年、流月逢到時，在外界的情況，是利於打拚的、吉祥的。下一個流年、大運又逢天同居旺，就可以輕鬆享福了。

五、破軍在巳亥宮，會與武曲同宮，這是『紫微在卯』或『紫微在酉』的命盤格式。此時武破二星皆居平陷，對宮的天相也只是『得地』剛及格而已。當大運及流年、流月逢到這『武破居亥』的時候。』因財被劫』、『因財破耗』，你有些窮困的煩惱，人也比較慳吝，人緣欠佳。流年、流月在武破同宮的年份、月份時，因爲拮据，又容易交上壞朋友（容易受其煽動），倘若真是如此，那就要小心在子年，太陽陷落時去蹲土窖了。

倘若你是甲年生的人，你可以利用『破軍化權』的力量，掌握一切對外事務的主導權，在這一年的流年、流月中，大刀濶斧的幹，你會在名利上，如升官、發財、考試、升學等等，都會有極出色的表現的。

『貪狼』的運程

當你的運程進入貪狼這顆星所在的宮中時，貪狼是顆多才多藝的星，但是沒有常久性。貪狼屬木，對於文藝、學術方面，會產生很大興趣。但因興趣廣泛，又沒有專注性、持久性，總是虎頭蛇尾的東沾一點、西沾一點，或又轉向另外的興趣去了。戊年生的人有『貪狼化祿』，己年生的人有『貪狼化權』這都是幫助你，參加升學考試得利，升官發財得

利的最優惠的條件了。你可以利用這些優勢，稍加努力，就可使你的一生發生極大的吉祥轉變。

一、貪狼居子、午宮時爲獨坐居廟旺。若再有化祿、化權來同宮或相會照，在大運或流年、流月逢到時，對你的一生，會因你的努力而產生影響你終身的美麗轉變。這就是我曾舉例我的女兒，利用這個『貪狼化祿』的流年運程，考上理想的國立大學爲最好的例證。

當然『貪狼化祿』、『貪狼化權』更可以升官發財。當火鈴二星來同宮或相會時，就產生爆發『偏財運』的旺運了。

『偏財運』包含了官運和財運。因此你是要風得風、要雨得雨了。

癸年生的人，會有『貪狼化忌』出現，流年、流月逢之會在身體或臉上留下疤痕。又會有感情上的困擾，似乎不太妙。

但是，『貪狼化忌』若在辰、戌宮，出現時，大運、流年、流月逢到，你會有專業的技能，而且大進財富。因爲化忌的惡性被辰戌宮（天羅地網宮）所限制的緣故導致而成。

二、貪狼居丑、未宮時，必與武曲同宮，形成『武貪格』，有爆發『偏財旺運』的機會。我也說過，武貪多是發生在事業上面，況且這些星皆居廟旺。爆發之威力可想可知了！

三、貪狼在寅、申宮為居平獨坐、對宮的廉貞星可是居廟旺的。倘若再有火鈴來會時，也是具有『偏財運』的。在寅宮較強，申宮較弱，故寅宮爆發獲得的錢財較多。但是『暴起暴落』的機會也較大。

四、貪狼在卯酉宮、必與紫微同宮。貪狼居平。因紫貪雙星本都也是桃花星，又處在卯酉二宮，『桃花敗地』上，有嚴重的感情困擾的問題出現，因此大運、流年、流月逢到時，要小心！

紫貪在卯、酉宮，若有火、鈴來會或同宮時，也有爆發『偏財運』機會。但因紫貪桃花的影響，常有『桃花敗財』、『桃花聚禍』的情況發生，而影響了所應發生的爆發財運、官運的大好機會。這是萬分可惜的！

五、貪狼在辰、戌宮為廟旺獨坐，對宮相照的武曲財星也是廟旺的。兩者形成極旺的『武貪格』。這是最好的『偏財運』格式。倘若沒有羊陀來會，那你一生每隔六、七年所爆發的旺運，讓你富可敵國。若有羊陀稍遜，爲『破格』，稍有小血光，見紅可保『偏財運』。

*我常建議有『武貪』、『火貪』、『鈴貪』格的人，若又有羊陀『破格』存在的話，在所逢之流年、流月裡，去穿耳洞或捐血，作爲你保住『偏財運』的破解之法。

六、貪狼在巳亥宮，必與廉貞同宮、雙星皆陷落。這是貪狼這顆星最晦暗無用，且造成災害的宮位。

廉貞、貪狼二星，都屬桃花星。但陷落時，只會造成感情問題的發生，對人緣只有破壞，沒有益處。倘若你的流年、流月，大運行運於此，既沒人緣、又不進財、晦暗至極。我想有一些豬年過得不好的朋友，已經歷了這段苦難的日子，深有同感了吧！

『天機』的運程

天機這顆星，本身就屬於『動』感十足的星座，不穩定的浮動性質常讓人不能把握。天機星加化權，在流年、流月中碰到，尚有領導及主控的掌權機會。但天機化祿，就是財來財去，忙了半天，意義不多了。丁年生的人，有天機化科，會有美譽文名，又有出風頭的機會，是較爲不錯的運勢。

一、天機在子、午宮獨坐居廟旺。對宮相照的巨門星也是居旺的。雖然如此，巨門星所帶給天機星的是非口舌之災，真是不少。倘若，大運、流年、流月逢之千萬要小心！若有化權、化祿較好。

二、天機在丑、未宮爲陷落，對宮有天梁居旺相照。但你的大運、流年、流月在走這個天機陷落的運程時，一切都不順利，事業、感情、學業都會落於谷底。等到你落到谷底時，天梁這顆貴人星，就發生作用了。它再將你救出『水深火熱』。

因爲天梁是顆復建的星，必等你的運氣到達谷底，才會搭救你，給你復建。所以呀！當你逢到這個天機陷落的運程時，你要耐心的等待看看，到底何時是谷底？那時就是你旺運起運之時了。

三、天機在寅申宮，必與太陰同宮。寅宮比申宮好，太陰財星在寅宮較旺一點，財多一點。天機在此二宮爲得地，是一種平順、祥和的狀態，較不會作怪。（若沒有化忌來會得話）。因此流年、流月逢到時，不會有太好的旺運，也沒有倒霉的事情發生。

四、天機在卯酉宮，必與巨門同宮。在這兩宮、機巨都居廟旺。是最有利於你的運勢。倘若你的大運流年、流月逢到，利於讀書研究，教學。但是仍然是是非辛勞不免的。

五、天機在辰戌宮，必與天梁同宮。在這個格局中，天機居平、天梁居旺。整個說起來，當你的流年、流月碰到它時，運勢會有不好的狀況發生，但天梁星立刻會照顧你解救你，因此在這個運勢裡，你的貴人是不少的。

因為機梁雙星並不主財，故當你走這個流年、流月的運程時，財運是不太好的。

六、天機在巳亥宮居平陷，對宮有太陰相照。天機在巳宮的較好，因對宮的太陰在亥宮廟旺之地，較有財。天機若在亥宮，居平陷，對宮的太陰居巳宮又落陷，其困窘之況，可見一般了。當流年、流月逢到，惡運連連而來。任何事都不順，豈不很慘！不過在下一個流年、流月逢紫微，一切都會轉危為安了。

4 掌握「求職、升官」的成功時間法則

一、「求職」的成功時間法則

每年夏季有許多的畢業生從學校裡結束了學業，投入了社會的職場。當然其中有許多人已具有了工作經驗。他們在就學時，就在校外打工了，這些人對於工作的內容及責任及人際關係，已有了充分的瞭解，因此在日後尋找自己較滿意的工作方面，他們是比較暫有優勢的。

但是有一些乖乖牌的學生，在校時間，只知道埋首功課，等出了社會一片茫然，此時才發覺學校裡的學問和一般公司裡瑣碎的工作，真是風馬牛不相及的了。

目前社會經濟不景氣的狀況持續，許多人賦閒在家，沒有工作。這些社會新鮮人在許多公司的精打細算之下，有沒有辦法找到一個自己覺

得滿意的落腳處來平順的工作呢？

以下就是我給各位的一些建議。

如何掌握旺運過一生

流年、流月

＊首先你要在紫微命盤上找出當月的流年、流月來（可參考本書書尾）。看看你當月的流年、流月是否是旺運，（吉星是否入座）？有的人的流年、流月所坐之星，有吉星，也會配置一、兩顆羊陀、火鈴等的煞星。那就表示有吉也有一些麻煩，不是全然吉運的了，所以你更要小心謹慎。

倘若你該月是吉星旺運的月份，那就要趕快行動，積極的去找工作。你所遇見的人會比較溫和，就算你不是他們所需要的人，他們也會向你解釋清楚原因，不會惡臉相向的。很快的，你就會找到一份理想的工作了。

＊倘若你當月所逢運程的星是廉殺、廉破、破軍、天同陷落、天梁陷

落、羊陀、火鈴等和其他陷落的星曜。我勸你稍為忍耐一下，看看下個月的運程是否會轉好再作打算。因為在弱運的時候，所遇到的人跟事，總是會不順。與其一次次的失敗，折損了你的鬥志，倒不如先修心養性，等待下個月的旺運到來，再手到擒來一個好的工作機會。

在弱運時找工作成功的機率非常低。

有些人說「不會呀！我覺得別人對我很好，希望我能馬上就去上班呢！」

這時，你更要小心了！因為人在弱運時，思慮是不夠周密的，往往因為你很希望企求這份工作，而看不清背後隱藏的某種陰謀。由其是在廉破、廉殺、破軍、天機陷落、巨門陷落、羊陀火鈴所逢的流年流月裡，人們常常上當、受騙、失財，讓你悔恨不已。尤其現今的社會，歹徒的花樣翻新，讓人防不勝防。因此你一定得選擇好運的時候去求職，才不會讓自己陷於無法預知的災禍裡。

看流年、流月父母宮的星座

在你要去面試之前，我建議你先看之命盤中流年、流月父母宮的星座。因為父母宮在命相學上，不僅可看出你和父母的關係好壞，也代表了你和長輩（上司）的關係好壞。來面試你的人一定比你的年紀大，而且現有的職位一定比你應徵的職位高，所以他也算是你的長輩級人物了。

（以下所談的都是流年、流月的父母宮星座）

當你的父母宮，是紫微、天府、天相、天同、天梁、太陽、太陰等星居旺的時候，你會碰到一個好主管，而且他也很喜歡你，求職成功率在百分之八十左右。

倘若你的父母宮裡的星座是太陽陷落，那你和男性的主管無緣，你該禱告有一個女性主考官來給你面試，成功率較高。

倘若你的父母宮是太陰陷落，表示你和女性無緣，你該禱告有一個男性主管來給你面試吧！

倘若父母宮是天梁陷落，你的運氣不太好，因為你會和長輩無緣，可能年紀相近的主考官來給你面試。你的機會較大。

倘若你的父母宮是武曲、貪狼、廉貞、七殺等星入座。那表示你所遇到的長輩級的人物，個性較剛直、態度很硬，你若想得到這份工作，你必須謙恭謹慎、慎言慎行、察言觀色才行。

若你的父母宮裡是擎羊、陀羅、火星、鈴星等星。啊！你的運氣，真是不好了！你會遇到一個難纏的上司，你還是等下個月再另找一份工作好了，否則你也做不長久的。

利用化星的力量

在你的流年、流月所逢之宮裡若有化權或化祿、化科入座的話，例如貪狼化權、紫微化權、破軍化權、天機化權之類的星座，表示你可掌握面試當時氣氛的主控權，當時你提出的薪水略為偏高，他們公司也是會考慮接受的。

當化祿星入主流年、流月裡時代表一種緣份，也代表進財的機會，但是像天機化祿、破軍化祿的財就太少了，而且是財來財去。

化科進入流年流月裡時，你也是很有機會的。它會使你看起來有氣質，討人喜歡，也會讓人矚目你的才華，故對你是絕對有利的。

流日的吉運

你若要知道面試當天的運氣，還可先算出流日出來，（流日算法在本書書尾）

流日命宮中是吉星，當日便吉，是日是凶星，當日不順，要小心！看法與前面略似。

流時的旺運時間，在十二個命盤格式中有述及，請參考。

二、「升官」的成功時間法則

『祿權科』的特異功能

在掌握『升官』的成功時間法則裡，除了需要流年、流月有好的旺運之外，我覺得最重要的就是要掌握『祿、權、科』的特性，加以好好的利用。

『祿、權、科』就是化祿、化權、化科三顆化星。其中化權星在升官的成功法則上，佔首要的地位，其次是化祿星、化科星居末。

化權星

化權星的出現方式是甲年生的人，有破軍化權。乙年生的人有天梁化權。丙年生的人有天機化權。丁年生的人有天同化權。戊年生的人有太陰化權。己年生的人有貪狼化權。庚年生的人有武曲化權。辛年生的人有太陽化權。壬年生的人有紫微化權。癸年生的人有巨門化權。

這其中只有天同化權和太陰化權在感覺上不夠強勢以外，其他的化權星座，都是極端強勢的。但是天同化權有天然形成的力量，如同黃袍加身一般，是不會受到眾人反對的。太陰化權則屬於金錢利益的掌握和女性的強力支持，是一種溫和、暗地使力促其成功的力量。

破軍化權

倘若你的流年、流月中有破軍化權進入的話，你是會積極爭取升官之位的，而且有無比的膽識、手握主控權，老板幾乎無法抗拒你的懾人力量，因此升官會成功。

天梁化權

當流年、流月有天梁化權進入時，表示你的貴人運很強，你的背後有『強有力』長輩型的力量支持者，升官有望。

天機化權

當流年、流月有天機化權進入時，表示你的人生將產生變化。化權帶給你主導力量，但天機必須廟旺，化權才更會有力，升官才會成功。

天同化權

當流年、流月中有天同化權進入時，天同是一顆『懶福星』，只能享福、坐享其成。化權雖讓其有主導權，就要看其用不用了。所以天同化權，代表一種從天而降的好運，因此你是不會去爭取的，只等著上司對人事擺不平時，搞不好意外的把你升官了！

太陰化權

當流年、流月太陰化權進入時；太陰代表財星也代表女人。倘若太陰居旺的話，你的運氣是很好的，有財進。也會受到女性主管的提拔而升官。倘若你的上司是男性，此化權就無效了，只能代表有些財進罷了。

貪狼化權

當貪狼化權進入流年、流月中時，貪狼是好運星，表示你多才多藝的才華受到上級的重視，肯定會把你升官的。

武曲化權

當流年、流月中有武曲化權進入時，武曲是財星，也代表政治。雖然武曲剛直了一點，但是他的誠信讓人信賴，因此氣勢很強，上級基於人事上的需要，非常欣賞你，升官的機會很大。

太陽化權

當流年、流月中太陽化權居旺進入時，你的旺運氣度極有攝人的魅力，你可能自己無法發覺，但旁人或你的上司，他已經感覺到了。你會成為升官的最佳人選，而且上級一定會核准的！你的旺運會給周遭每一個人帶來興奮和臣服。

紫微化權

當流年、流月中有紫微化權進入時，真是你極度的大好運了。紫微帝座，發揮了統治全局的功能，你的上司也深深被你的氣度所吸引，你是升官的唯一人選了！

巨門化權

當巨門化權進入流年、流月時，又是居旺的話，力量非常強，表示你可以利用口才來說服你的上司給你升官的機會，而且你所說的話，很有主控權，他會言聽計從的，因此你很快的就會達到願望了。

化祿星

化祿星出現的方式是：

甲年生的人有廉貞化祿。乙年生的人有天機化祿。丙年生的人有天

同化祿。丁年生的人有太陰化祿。戊年生的人有貪狼化祿。己年生的人有武曲化祿。庚年生的人有太陽化祿。辛年生的人有巨門化祿。壬年生的人有天梁化祿。癸年生的人有破軍化祿。

化祿星代表一種緣份和進財的機會。其中天機化祿和破軍化祿是有財來財去的流動性質，緣份也因此不深了，在此處是較弱的旺運了。

廉貞化祿

當廉貞化祿進入流年、流月時，你的人緣很旺，而且你是個精於計劃的人，當然對於『升官』的事情，你一定會步步爲營的，也會取得最後的勝利。

天機化祿

當天機化祿進入流年、流月中時，你的旺運有些隨波逐流的味道。天機居旺時，你的人緣很好。也能左右你身旁的人爲你進言，但是運氣是多變化的。成功率只有一半。

天同化祿

當天同化祿進入流年、流月中時，你的人緣很好，但升官的機會只是『等待』罷了，也許結果還不錯！

太陰化祿

當太陰化祿進入流年、流月時，又是太陰財星居旺的話，你的人緣、財源都很好。由其是和女人的緣份更深，好好侍候你的女性主管，她一定會給你升官的！

貪狼化祿

當貪狼化祿進入流年、流月時，需居旺位，你的人緣才華才得以發揮，讓人賞識。上司一定會給你這個有才華的人升官的！

武曲化祿

當武曲化祿進入流年、流月時，財星化祿不同凡響，各方面的機會都很好，升官非你莫屬。

太陽化祿

當太陽化祿進入流年、流月時，太陽的魅力再加上雙倍的人緣，你是很得眾望的，在眾望所歸之下，升官就在當年、當月！

巨門化祿

當巨門化祿進入流年、流月時，你的口才非常好，當月裡又有人緣，所以你可以開始遊說的工作，升官的機會就在此一舉了！

天梁化祿

當天梁化祿進入流年、流月中時，你的貴人緣很深，長輩的緣份更深，因此，升官一定有望。

破軍化祿

當破軍化祿進入流年、流月中時，你藉著人緣桃花的力量，努力衝刺表現，但太激進的態度有時會引起同事或上級的反感，因此你只有百分之五十的希望。

化科星

化科星出現的方式是：

甲年生的人有武曲化科，乙年生的人有紫微化科，丙年生的人有文昌化科。丁年生的人有天機化科。戊年生的人有右弼化科。己年生的人有天梁化科，庚年生的人有天同化科。辛年生的人有文曲化科。壬年生的人有左輔化科。癸年生的人有太陰化科。

武曲化科

當武曲化科進入流年、流月時，因武曲是財星、化科是文星，一般文科職員，在流年、流月有這個武曲化科當值時，只是頗具文藝修養，對於『升宮』幫助不大。但是軍警人員若有武曲化科時，倘若又是金融、會計等與金錢有關的人員，那你一定會升官的！

紫微化科

當紫微化科進入流年、流月時。會讓你氣度優雅，增加文藝氣息及做事明確有表現。

當你的流年、流月裡出現紫微化科時，你一定會升官的！

文昌化科

當流年、流月中有文昌化科進入時，文昌星主科甲，化科星也主掌文墨。這兩星相遇最好了！表示你該年、該月，就算是考試升等，你也一定會升官的。

天機化科

當流年、流月中有天機化科進入時，天機主變動，化科主美譽。表示你會有機會升官變動的。若天機化科再遇左右、魁鉞諸星，那就一定是肯定會升官了！

右弼化科

當流年、流月中有右弼化科進入時，右弼爲輔佐之星，喜爲人服務，任勞任怨。當你有這個右弼化科進入流年、流月時，你是多爲人服務不愛競爭的局面。因此，右弼化科在升官的運途上不夠強力。

天梁化科

當天梁化科進入流年、流月中時。天梁爲長輩愛護照顧之星，化科更增其『貴』的力量，因此在升官之途遇到天梁化科，也肯定會升官的。

天同化科

當天同化科進入流年、流月時，你的態度悠閒，並不在乎升官之事，故而旺運不強。倘若沒有競爭者的話，你就會升官了。

文曲化科

當文曲化科進入流年、流月時，當文曲廟旺，你的文學才藝聲名遠揚，且口才好，很有表現，是一定會升官的。若文曲居陷，再遇化科，無力，升官無望。

左輔化科

當左輔化科進入流年、流月時，左輔為輔佐之星，加化科只能增加辦事能力，使你看起來很能幹，在升官之途是不夠強力的，你必須再從各方面多加努力才行。

太陰化科

當太陰化科進入流年、流月時，太陰化科會讓人轉變成陰柔的氣質，利於讀書研究，在升官上，力量薄弱，但還是有希望。

舉例：

鄰居林先生在國營機構上班，亥年年底時，請我為他排（子年）流年運程。我看過他的命盤之後告訴他：

「恭喜你了！年後即有高陞！差不多在農曆三月時會發佈！他問：「真的嗎？可是我今年過得很不好！做什麼事都不順，家裡的老婆也很嘮

叨，我的母親也對我時有怨言！唉！外面和家裡都是不順！」

「你放心！子年就完全不一樣了，子年是旺運期，且有爆發偏運的機會，流年命官坐紫微、祿存，對宮有火星、貪狼相照，一定會爆發旺運的，陞官有望，而且會大進錢財！可能年底就有消息！」他有點不可置信的問：「真會這樣嗎？爲什麼這個豬年這麼不好呢？」

我說：「你看你的豬年坐天機、陀羅皆居平陷，周圍常起變化，卻又是不好的變化，好像是每況愈下似的。對宮太陰雖有化科，但居陷位，進財又很困難。太陰居陷時，與家中的女人都處不好，當然會有口角，不順心的事情發生！」

他問：「那我子年時，對宮的貪狼化忌，會不會造成不好的影響呢？」

我答：「貪狼在午宮居旺，不畏化忌。一些小是非口舌是有的，有紫微、祿存二星，穩坐泰山，你可放心。」

林先生很高興的回去了。

在當年國曆十二月時，也就是農曆十一月的時候，公司發佈他成爲公司部門的經理級主管。十一月剛好走的是流月運程是丑宮，和三合地帶巳、酉二宮的星曜組成『陽梁昌祿』格。可以升官發財的格局。亥年對照的太陰化科也給了力量。

新年過後的國曆四月（農曆三月），林先生又再度升任總經理一職，從最先六、七萬元的薪水，一躍至月薪二十萬元，這是不是旺運帶來的喜事呢？

由這個例子來看，可以確定的是，只要我們會看自己的命盤，會找出我們自己的旺運時段，知道是那方面的旺運是財運？官運？還是考試運？知道弱運在何時？是無財可進？是做事不順？還是血光之災或官非？知道了這些，我們還怕不能掌握自己的命運嗎？

5 掌握『遷居搬家』的旺運成功法則

俗稱常搬家的人爲『窩牛族』。並不是這些人喜歡搬家，以搬家爲樂趣。以命理學的角度來看，是運程使然。

我們發現天機星進入流年命宮、流月命宮時，你生活的環境常有變動，會搬家。天機星進入流年田宅宮時，常常會搬家。

既然如此，我就對『窩牛族』的朋友，或是買了新居正要搬進去的朋友做一些建議。

倘若你是『窩牛族』的朋友，你很可能是在走天機陷落的流月運程，被房東通知，要收回房子，讓你非常煩惱，也覺得運氣不好。在你覺得運氣不好時，千萬不要賭氣搬家。最好和房東商量寬限在一個月左右的期限再搬。

因爲在你運氣不好的時候，你是看不到什麼好房子的，往往在你急就章的結果，搬了進去，覺得不順，或者又遇到壞房東，讓你更是破財、生氣，感覺運氣更壞。

請求寬限一個月的期限，就是會拖到下一個流月了。這個月運氣不好，並不代表下一個月運氣也壞，常常過了幾天，就到了下一個流月（農曆的）。在吉星、財星、居旺的星曜所在的流月裡，你所尋找的房子較會在日後仍讓你繼續滿意。這就是旺運的時候，你的眼光比較準確的緣故，也會讓你對以後住的需要設想的比較周到。

搬家的旺運時間

決定搬家之後，當然我們要決定遷居的日子，普通我們都是從黃曆（農民曆）上來選擇入宅的吉日。

在入宅之前，有一些拜『地基祖』的儀式，或要淨屋的手續你可事先選吉日去做。

選擇入宅的吉日

雖然是從農民曆上取得，最好多選幾個。再與你自己或是你家中的戶長的旺運流日相合的日子來核對。若剛好有相合的，這一天最好最吉利了。不然就要繼續重選，直到選到爲止。

倘若你更講究，那更要從本書上一章中找出自己或一家之主的旺運時辰來入宅，如此更是萬無一失了。

選擇旺運的時間，流年、流月、流日、流時，去看屋、買房子、租房子、訂契約，搬入遷出，會有許多的好處。就像我前面所說過的，旺運的時候，你自己頭腦清楚，眼光較準，而且你所遇到的人，接觸的人也都比較祥和，事情好談。旺運的時候，對自己是利多害少，或根本不會碰到不悅的事物，何樂而不爲呢?

記得很多年以前，在年初五時，有一個朋友來我家，抱怨說：他這個年，過得真不好，一直跑醫院。

我就報以同情的問了他幾句話，才知道原來是在年三十的除夕夜，他幫姨丈搬家。搬家的工人很粗魯打破了姨丈心愛的水晶燈，姨丈很生氣的嘮叨了幾句。等搬好了家。正準備先休息一下，吃個飯，誰也沒想到原先搬家的工人又回來了，而且又多帶了幾個人，凶神惡煞的把屋中還未整理的東西全部敲碎，把這位朋友的姨丈打得重傷。這位朋友也掛了彩。

還好這位朋友年輕挺得住。那位姨丈可是休養了三、四個月才好，真是無妄之災。

平心而論，除夕夜搬家定有不得已的苦衷，很少有人在除夕夜搬家的。由此可見運氣一定不好。運氣不好，又遇羊刃、有血光之災，這一天是不是不該搬家的呢？

倘若我們可以事先加以規劃，先弄清楚自己旺運、弱運的時段，對於產生變動的時刻加以注意修正，是不是可逃離這場災難了呢？

6 掌握『生養子女』的旺運成功法則

何時是你『生貴子』的最佳時機

前面說過，結婚、交男女朋友都要選擇旺運的時期來結合或瞭解。生產子女也是要選擇自己旺運的時期來生產較好。

有些父母拿著全家小孩的八字，找我爲其批命。我一看小孩的命盤中有幾個是好命的，有幾個命程較差。就指著較差的命盤問這位母親：

『生這個小孩時，你家中的環境是不是不太好？你的心裡狀況不太愉快？』

小孩的母親答說：『生這個小孩時，與婆家相處的不愉快，天天都覺得快發瘋了！』

我說：『就是了！那時你的運氣不太好，所以生的小孩也缺乏財星的照顧，小孩的運氣與命理結構也相對的不太好了！』

又有一個女子為挽回相戀多年男友的心，故意懷孕，逼其結婚。婚是結了，孩子也生下來了。但是家中日夜吵鬧無寧日。那個男人最後還是跑了。這個女子拿了自己與孩子的生辰八字來找我，問我：她兩人的命是不是不好？為什麼會遭人拋棄呢？

舉凡我們相命的人，為即將出生的嬰兒尋找時辰，首重命裡帶財星，因為財星不但是一個人的『食祿』，而且是一種『人緣』。

沒有『財』就沒有『緣』

孩子命裡帶財來，在家庭裡父母養他就很輕鬆。進財容易，小孩子生活富裕也養得好，將來所受的教育程度也會較高。

孩子的旺運，會給家中帶來財喜，這是極端肯定的事實。他們與父母的關係也會比較親密，家人也會待他如珍寶般的呵護。

前面這個女子在自己弱運時，頭腦不清的生了這個小孩，連帶的這個小孩的命與運也不好。沒有財也沒有緣，給家裡不能帶來好運，也沒給自己帶來善緣。因此父母過得辛苦，他自己也很辛苦。這個不快樂的童年是可以想像的了！

如何掌握旺運過一生

眞愛就是讓孩子生在『旺運』裡

爲人父母的都會很疼愛自己的子女，無不希望他們好的，你疼愛他要有方法。什麼樣的愛才是真正的愛呢？把愛建築在『物質』上，以爲給他好的吃、好的喝就是真愛了？或是因爲自私的關係而生他，再來怨他拖累自己呢？這兩種都不是！

真愛就是把自己、孩子、全家每一個人都扶持在『旺運』裡，才是真愛！

每個人的運氣都會有旺有弱，如何才能保持『旺運』於不墜呢？只要你有誠心去關心這件事，你就做得到！

在一家人當中，很少有機會是全家幾個人都一起處在衰運期裡的，

如何掌握
旺運過一生

真要如此？你也就認了吧！

既然全家人的運氣有旺有弱，就可以互相扶持，互相幫忙。弱運的人脾氣比較暴躁，旺運的人心胸比較開闊，要多忍耐原諒。等過了這個流月或流年就會轉好了。

計劃生育

生產子女一定要做家庭計劃。沒有計劃的生育，就會給自己及家庭帶來一輩子的煩腦，例如小孩不好教育、不聽話，與孩子無緣，不能溝通、小孩長大後成就不好，問題很多。有時小孩很早就離家逃家跟父母很少見面。

最近常在報上看到一些尚在國中就讀的小孩子，弒父、弒母的新聞這難道不是爲人父母心中永遠的痛嗎？

目前青少年的問題日益嚴重了，追根究底，當然是沒教育好，但是誰來教育他們呢？他們能乖乖的接受教育嗎？

某些父母因本命或流年的關係，終日忙忙碌碌，與孩子相處的時間少，也不瞭解孩子們在想些什麼？父母在一種不確定的狀況下生了小孩，又沒有時間照顧他們，目前最多的情況是交與祖父母帶，或者是委託奶媽看護。因此在這類小孩的命盤中，我們常常可以看到的是空宮無主星的狀況，要不然就是左輔、右弼獨坐的狀況。由別人帶大的小孩，本命是不強的。幼年過得辛苦、熬到旺運的時候，恐怕要到中年了。

孩子的個性

通常我們爲人相命的人，爲即將到來的新生兒找生辰，不但要重視財祿的問題，更要重視的是個性上的問題。個性上不好的小孩是很難教育的。再多的聰明才智都會浪費掉。

一般我爲嬰兒找的本命命宮的主星時，比較喜歡找的本命命宮是紫微、紫府、紫相、紫貪、天府、武府、廉府、太陽在巳、午宮，天相居旺、貪狼居旺、天梁居旺、武相、陽梁、武貪、化祿、化權、化科，另

外廉貞居旺，七殺居旺也不錯，要看其家庭的狀況，一般以軍警的家庭較好。

在這些我比較喜歡找的是命宮坐命裡，都是個性趨向正派、正直，較守正不阿的人類族群。坐命紫微、紫府、紫相、紫貪、天府、天相、天梁的人，個性穩重，速度也較慢，很容易得到別人的尊重。太陽、天梁坐命的人較爲仁慈，喜歡照顧他人。武府、武相坐命的人多是富可敵國、享福一生的人。武貪、貪狼、七殺坐命的人，講話、做事、思考的速度都很快。貪狼和武貪的人，一生都時有好運爆發，讓人羨慕。廉貞、七殺的人刻苦耐勞，很會策劃事務，又努力認真打拚，成就會很好的。

煞星當然不找，我也不喜歡找天機、破軍、紫破、太陰、廉破、武破。武殺、廉貪、廉殺、機梁、巨門、同巨、機巨、文曲，爲什麼呢？他們只是享受父母對他們的愛護。大多數的人，跟家中的人都處不好。

天機坐命的人太聰明，甚至自以爲比父母師長還聰明，不太好教養。再者天機坐命者，一生的運程中，多是財運不佳。財是太少了，一生的運程也相對的不旺。

破軍坐命的人，從小就身體到處是傷，太讓父母擔心了。紫破坐命的人也是一樣，一輩子都是東破西破的。破軍坐命者，不論旺弱，都很能打拚，但是破耗太多，流年不利時，會有生命危險。再加上破軍坐命者的個性喜歡交朋友沒有尺度；常會對邪佞之事感興趣，容易學壞，不好教育。

太陰坐命的人，不論旺弱男女，與家中陰人相剋，因此剋母，中年剋自已、老年剋女兒，與母親的感情不佳。這在孩童的幼年是非常辛苦的事。再加上太陰坐命的人多愁善感的本性，感情波折多，成就不會太大。

廉殺坐命的人，因雙星居平陷；人的聰明才智不高，容易流向黑道，且身體受傷機會多，常有傷殘及生命嗚呼的危險。個性上較凶悍，不喜正道，從職軍警可習正。

武破坐命的人，是因武曲這顆財星被劫，又居陷，是個慳吝的小人，

不喜正道，故不選爲旺命。

機梁坐命的人，非常聰明，但一生財運太差，若有偏財運的格局好一點，但財來財去最終也是窮困。

巨門坐命的人雖是做民意代表的材料。但是非太多，口角的問題是很嚴重，且不服管教，會造成父母很多的困擾與麻煩，同巨的坐命的人，因這天同、巨門皆居陷落，故而極懶，正事不做，喜愛玩樂之事，偷機取巧，不可能有成就。

機巨坐命的人，他的一生的運程變化起伏大，如此比較辛苦，況且財運也不算好，多招是非纏身故不取此命。

文曲坐命的人，因此命局桃花太重，桃花重的人，多愛談情說愛享艷福，成就不會太大。

旺運流年生產

母親在準備生寶寶時，最好選在流年是在旺運年份裡受孕、生產，生下的小寶寶，與你有緣，乖巧好帶，會讓你省下許多精力，及煩惱的事情，在旺運時生產的寶寶，較少發生疾病，夜鬧的狀況。身體較健康，母親的身體也恢復的較快，精神上的負擔少，身心都愉快，帶起小孩來就輕鬆不少了。

流年命宮坐紫微、紫府、紫相、紫貪、天府、武府、廉府、武曲、武貪、貪狼居旺，太陽居旺、天梁居旺、天同居旺、天相居旺、同陰、陽梁在卯、祿存、昌曲居旺、化權、化科、化祿等星。在這些吉祥的流年裡，不管你是懷孕生子，都會圓滿得利，喜上加喜，順利而愉快的得到一個健康好運的小寶寶。

命理生活新智慧・叢書23

如何幫子女找一個好生辰

從歷史的經驗裡，告訴我們
命格的好壞和生辰的時間有密切關係，
命格的高低又和誕生環境有密切關係，
這就是自古至今，做官的、政界首腦人物、精明富有的老闆，永享富貴及高知識文化。
而平民百姓永遠在清苦的生活中與低文化的水平裡輪迴的原因。
人生辰的時間，決定命格的形成。
命格又決定人一生的成敗、運途與成就，
每一個人在受孕及出生的那一剎那已然決定了一生！
很多父母疼愛子女，想給他一切世間最美好的東西，但是為什麼不給他『好命』呢？
『幫子女找一個好生辰』就是父母能為子女所做，而很多人卻沒有做的事，有智慧的父母們！驚醒吧！
請不要讓子女一開始就輸在命運的起跑點上！

●金星出版●

電話：(02)25630620・28940292
傳真：(02)28942014
郵撥：18912942 金星出版社帳戶

第四章

事業上如何增長旺運

1 公司老闆及高層者用人的旺運

有一天。我到一間公司去，這間公司的老闆和我是熟識的，可是我是第一次去他的公司。老闆在約定時間還沒有回來，於是我可以仔細的觀看這公司的運氣。

公司裡的人都很忙，行動匆促、很有活力，讓我最覺得有趣的是，這家公司的工作人員，不管男女，都是個頭高大的人，走起路來虎虎生風，說起話來，中氣很旺。

看到這些讓我不禁莞爾失笑，爲什麼呢？我心中想，別看這位老闆朋友年輕！他可是頗懂命理的呢！一般在命理上，高大的人又略胖的人，其命宮的主星都一定在旺位。只有七殺、破軍、羊陀、火鈴這些凶星坐命的人是相反的，不一樣的。可是這也很容易認出來。

七殺坐命的人，眼睛很大、瞳孔突出，奕奕有神。顴骨很高，旺位時，人長得不高，很精壯。有一種逼人的氣勢。很有權勢的樣子。

破軍坐命的人，臉型較寬橫，背厚。破軍坐命居旺時，身材五短，常有斜肩的毛病。破軍居陷時，瘦高，會有明顯破相、麻面的狀況發生，個性較凶悍。

擎羊坐命的人，臉呈長羊字型，中高身材，擎羊在旺位時，人則稍胖，擎羊陷位時，則瘦，並有傷殘破相的徵兆，也會有斜眼麻臉的。擎羊（獨坐）命宮的人，多有冷峻的凶相。

陀羅坐命的人，臉為圓型較寬較短，陀羅居廟旺時，人較胖。陀羅居陷時，人較瘦。都是身材中等不高，頭臉有傷痕或唇齒有傷的人。也會面露凶意。

火星坐命的人，長圓型臉，毛髮發紅（自然現象），也喜歡染黃頭髮。火星居旺時，身體略壯。火星居陷時，矮、瘦，麻面，有傷殘的狀況。常面露狠勁，腿腳常抖動、性急。

鈴星坐命的人，面型古怪、有稜有角，毛髮也會有有發紅的現象，喜歡染髮，追求時髦，瘦型，大膽，居旺位時較好，居陷位時較矮、傷殘破相，個性凶狠。

朋友公司裡的人員，都有溫文的氣質，做事速度快又有效率，整個感覺上，這是一個旺運的公司。

老闆朋友回來後，我向他提及這一點，他笑著說：「只是巧合罷了！」

我想他是謙虛了，其實他是真正懂得的。

用人要用高佻身材，精壯稍胖的理論，其實一點也不為過。你不信，你可以看看李登輝總統旁邊的人，是不是多是高壯的人，要不就是胖得人！這表示他也懂這個用人旺運的道理呢！

公司裡旺運的人多，公司自然運氣就旺了，生意興隆。弱運的公司，人員都會無精打彩，做事沒勁，生意也做不起來了。

公司的老闆不但要懂得多用高壯旺運的人，尤其是會計部門，更需用旺運的人。不可用矮小瘦弱的人、麻臉、臉上、身上多傷的人、極瘦弱的人，傷殘的人。

因為會計部門是公司的財庫，財要流通，有進有出才是活財。不能流通的是死財。死財會造成爛帳，也是不好。

矮小瘦弱的人、財星不旺，進財不多，再守財庫，只會耗財、敗財，是為大忌。

麻臉、多傷、傷殘的人，命中多破軍、凶煞之星，也是不利於財的，再讓其守財庫。敗財、耗財過多，對公司不利，也是大忌。

因此我們看一個公司旺不旺，看其主管會計部門的人員，就可一目瞭然了。

什麼樣才是好的會計人員呢？

當然是文雅的，中等以上豐腴身材的，精緻細密的人員才是最好的會計人選。秘書人員也是這樣的條件。

至於破軍、七殺、羊陀、火鈴坐命的人，最好做業務人員，利於衝刺打拚。我們可以看到現在的考試院長許水德先生矮胖、麻臉。他就是破軍坐命居旺的人。以前在做國民黨秘書長時期，為李登輝總統陣前打拚，其努力是國民黨中第一人。可是破軍坐命的人不可靜下來，靜下來運勢就會減弱，因此文官是不適合他的，我們可以靜觀其運勢的轉變。

2 上班族如何增強自己的旺運

上班族的人在公司裡工作，因爲是拿別人的薪水。因此在心裡上是有壓力的。這些壓力也會影響了你的薪水、前途、升官和工作的績效等等。

如何和同事相處愉快？如何在工作環境裡突出表現？如何向上級適時的表達意思？如何向老闆要求加薪？這恐怕是任何一個上班族的人都想掌握的學問吧！那我告訴你！這和「時間」有很大的關係！

現在你要翻閱自己的紫微命盤看看？和同事相處愉快的問題是：

人緣好

你的流年、流月命宮中要有桃花星，如廉貞、貪狼、紫微、太陰、天梁、昌曲、天姚、咸池、天喜、沐浴、喜神、紅鸞等星。必須居旺才行。

在這些星進入你的流年、流月時，你非常討喜、人緣佳，你和同事的關係和諧，你若須要幫忙，這時提出來，可得到幫助。

倘若桃花星居陷　你要少多話，和是非保持距離，少去麻煩別人，以免自找麻煩。

突出表現

你若想突出自己的表現，多尋找吉星居旺的時候。最好再利用化權、化祿、化科的力量，如此較能達成願望。但在化忌星進入流年、流月時，請千萬別表現，否則只會給自己帶來是非麻煩！

表達意見

你若想向上級表達意見，要選擇吉星居旺的流年、流月，最好還有化權、化祿、化科的進入。這樣你說的話，才會有份量，主管較能接受，去的時候，最好連吉時也選在自己旺運的吉時，就萬無一失了！

加薪

你若想向老闆要求加薪，一定要選自己的旺運時間去要求，像流年、流月坐紫微、天相、天府、天梁、祿存這些星居旺的時候去談去要求；最好還有祿、權、科進入的時段最佳，要求較有效果。

此外天同星太溫和、衝力不足，你根本不想積極爭取。武曲入流年時，你的個性較剛，不太溫和，講話太衝，會引起反感。貪狼星人緣雖好，但你做事有些馬虎不經意，老闆一定會說再考慮，把你推拖掉的，廉貞星進入流年時，你雖很會計劃，但老闆的考慮更多，況且廉貞星當值的流年、流月中，很容易引起官非等禍事，不算是個好時間。

此外你再參考十二命盤格式中，屬於你的旺運時辰和老闆談，將會有喜出望外的結果！

第五章

身處旺運的禁忌

如何掌握婚姻運

在全世界的人口中，只有三分之一的人，
是婚姻幸福美滿的人，可以掌握到婚姻運。
這和具有偏財運命格之人的比例是一樣的，
你是不是很驚訝！
婚姻和事業是人生主要的兩大架構。
掌握婚姻運就是掌握了人生中感情方面的順利幸福，
這是除了錢財之外，人人都想得到的東西。
誰又是主宰人們婚姻運的舵手呢？
婚姻運會影響事業運，可不可能改好呢？
每個人的婚姻運玄機都藏在自己的紫微命盤之中，
法雲居士以紫微命理的方式，幫你找出婚姻運的癥結所在，
再以時間上的特性，教你掌握自己的婚姻運。
並且幫助你檢驗人生和自己ＥＱ的智商，
從而發展出情感、財利兼備的美滿人生。

身處旺運的禁忌

我們常常從媒體上，如電視、報章、雜誌上看到一些政治人物得意時，呼風喚雨、趾高氣昂、言語盛氣凌人，咄咄逼人（民意代表尤甚）。可是在官司纏身、惡事敗露時，連反擊的聲音，都顯得無力了。這就是他們不知道持盈保泰、預留後福的結果。

其實平凡的一般人也是一樣的。旺運時恣意的宣洩無制，等到弱運時，破耗及有仇的人、事、物都在那裡準備隨時討回公道來報復了。這人豈有不敗之理！

因此我們在身處旺運的時候，尤其要注意的許多禁忌，是不可以再犯的。

一、淫禍

首先要談淫禍。此地所指的是一些不正當的感情及強暴等惡劣的行爲。

不正當的感情裡，包括了不容於社會的婚外情與同性戀的感情等等。雖然感情的事情只是私人的小事情，有害於人倫法律時，自有法律的制裁。但是在有違天理倫常時，也會自食其果。這就是因果循環的問題了。

人在旺運時，若沒有把這些不正常的關係做一個了結。那因爲這些繼續存在的問題所帶來的是非會繼續纏繞著你，終將無法擺脫這個是非有一天會爆發的困境。那一天就剛好是你進入弱運期的時候。

我們都知道人的運氣，有旺有弱，無法全是旺運。因此也無法保證因果的事情不會發生，與其衰運時再來後悔，倒不如旺運時，先不做有傷旺運的事情，或是趕快結束這些不善的因果，爲自己造更多的福運。

二、坐失機會

有些人自恃旺運，在旺運時，驕傲氣盛，以爲自己是高人一等的。有些人更自以爲聰明絕頂，非常人所能比擬。因此在極佳的運氣來臨時，如官運、吉事運、貴人運等來臨時，因比自己預期得到的結果稍低，而不屑一顧以致喪失了大好的機會，造成旺運的中斷，或是再也不上門了。這也是自食其果的結果了。

三、懶惰

人們常自恃好運，而不事勞動。這些人尤以紫相坐命的人、同陰坐命者、機陰坐命者、同梁坐命者、天梁居巳、亥坐命者爲嚴重。沒有努力，怎會有好的成績呢？倘若你利用旺運的流年、流月更加的積極拼命，成就可能超出你原先命格旺運的數位之上。

俗語說：『早起的鳥兒有蟲吃！』這是說『早起』是必然的、該做的。沒有這必然的『因』，那裡有『有蟲吃』這個後來的『果』呢？

因此在你享懶福之餘，也就不必冀望有天大的旺運落在你頭上了。

四、自造惡果

在命相的生涯中，我常看到破軍坐命的人，廉殺、廉破坐命的人及羊陀、火鈴、劫空、巨門、化忌坐命的人，去從事一些非法的職業，開錢莊私人貸款業務，或其他色情餐廳等行業，他們最常問命相者的一句話是：『我今年有沒有官非？』

有此可知，他們也已經知道會惹官司入獄的這個惡果了，而每天只是逃避而已。

倘若你正處於這種狀況，那就是導果爲因了。你若改行不做此類的勾當，豈不是不用煩惱了！

可是這些人似乎是無法脫離是非災禍的宿命。他們非得在這些是非災禍中打滾才能生活似的。因此『因果』就繼續循環、永無止境了。

我們瞭解了這些問題，是不是可以好好的用心想想，『旺運』是這麼可喜！『衰運』又是這麼的可恨！怎麼樣可以遠離衰運，常保旺運，這就在我們智慧的選擇了！

第六章

弱運時如何突破難關

紫微推銷術

本書為法雲居士因應工商業之需要，特將紫微命理中有關推廣商機的智慧掌握和時間吉凶上的智慧掌握以及結合人類個性上的變化，形成一種能掌握天時、地利、人和的特殊智慧。可使商機不斷，凡事可成。

目前工商企業界的人士，大多懂一些命理知識，也都瞭解時間吉凶上的把握，但是對於此種三合一的智慧中某些關鍵要點上仍然無法突破。

『紫微推銷術』就是這麼一本在什麼時間，在什麼地點，遇到什麼人，如何因應？如何使生意做成？如何展開成功的推銷商品？可使買方滿意，賣方歡喜的一種成功的致勝方法和秘訣。

弱運時如何突破難關

一般人對於弱運的看法，不外是：不進財、沒錢、人緣不好、升不了官，感情問題觸礁，考不上好學校、失戀了，或者是失怙失恃，失去了親人、朋友之類的。

而從命理的角度來看弱運，則是像遇到『廉殺羊』、『廉殺陀』，會失去自己生命的運勢，或嚴重的血光，才算是真正的弱運。

因此命相學者跟一般人的觀點是不同的。再用命相學者的觀點來看一般人的想法，就如同小巫見大巫了。因爲錢財少感情不順等等問題對於死亡來說真是小事一樁了。倘若你也能從與命相學者相同的觀點來看待弱運，相信你很快的就能解決弱運難關的問題了！

但是也有些人在弱運裡，因爲欠債的關係或是感情受傷的問題想不開而自我了結、自殺了，這又是很嚴重的問題了！很多人都想知道，衰運時，我怎麼辦呢？如何才能擺脫這種惡夢呢？

現在我們就來談談弱運時，如何突破難關？

首先要看看你的問題在那裡？是金錢的？感情的？升官的？和朋友的是非災禍（人災）？還是惹了官非（打官司）？

金錢問題

＊倘若你目前走的弱運是金錢的問題。我建議你看看下一個流年、流月命宮是什麼星？是不是財星居旺？倘若是的話，表示下一個月就會有財進，下一個年份會更好。

＊倘若下一個流年命宮也不是財星是又怎麼辦呢？

你可以看看去年的流年命宮好不好？去年流年命宮就是今年流年命宮的兄弟宮，其對宮的今年流年命宮的僕役宮（朋友宮）。去年流年命宮好的話，表示今年你會有兄弟跟朋友都會幫你的忙。你可以向他們求助，定會得到幫助。

＊再則你可再看看明年的流年命宮。明年的流年命宮是今年流年命宮的父母宮。若是也有吉星入座的話，你今年可向父母或長輩們求助，尤其是天梁星入坐流年父母宮內，再加化權、化祿更好，肯定他們只要聽說你有困難、飛奔而來幫助你的。

如此你周圍的人際關係忽然開濶了不少，認真算算可能會有近十人可幫你的忙呢？問題應可解決了！（此方法也可應用在別的問題上）

感情問題

倘若你的問題是感情問題，先看看你的流年命宮裡有無擎羊、陀羅這兩顆星，若是有，表示你心情很悶時，有自裁的危險，尤其是太陽陷落加羊陀或太陰陷落加羊陀最嚴重。倘若你的本命宮就有這兩種星組的組合，那可要小心了！千萬不要想不開！要知道『生命的可貴，在於它可以證明『時間』所形成的真理！』

這是什麼意思呢？

這就是說：凡事經過『時間』的洗禮後，都會失去它原來的樣子。現在你因爲感情而痛苦，再過一年、二年……十年後再回想此事，那時事過境遷已很久遠，你會覺得以前因『感情問題痛苦得想自殺』的想法！實在是可笑的！幼稚的！因爲一年、二年乃至於十年後你再也不會爲這段感情痛苦了！以前種種真的好似昨日黃花消失得無影無蹤了。新的事務、新的環境讓你對很久以前的事情記憶也模糊起來！或是再也想不起來了！

『廉殺羊』的問題

『廉殺羊』、『廉殺陀』的問題，到如今都很難破解。我們從事命理工作的人，只能幫你點出來正確的流年、流月甚至流日，但是仍要你自己去小心。在將發生災難的流月裡，建議你去廟中居住修持，過了那個三重湊殺的月份就好了，就算是躲過一劫了。

第七章

如何掌握『旺運過一生』

命理生活新智慧・叢書

如何掌握婚姻運

在全世界的人口中，只有三分之一的人，是婚姻幸福美滿的人，可以掌握到婚姻運。這和具有偏財運命格之人的比例是一樣的。

你是不是很驚訝！婚姻和事業是人生主要的兩大架構。掌握婚姻運就是掌握了人生中感情方面的順利幸福，這是除了錢財之外，人人都想得到的東西。

誰又是主宰人們婚姻運的舵手呢？婚姻運會影響事業運，可不可能改好呢？

每個人的婚姻運玄機都藏在自己的紫微命盤之中，法雲居士以紫微命理的方式，幫你找出婚姻運的癥結所在，再以時間上的特性，教你掌握自己的婚姻運。並且幫助你檢驗人生和自己ＥＱ的智商，從而發展出情感、財利兼備的美滿人生。

法雲居士⊙著

金星出版

電話：(02)25630620・28940292
傳真：(02)28942014
郵撥：18912942 金星出版社帳戶

如何掌握『旺運過一生』

好了！到了最後一章了，你在看過這整本書之後一定對你自己命盤上，每個宮中所具有的星座有了極其清楚的瞭解了。也知道那些年或那些月份是處於旺運期的吧！

那如何才能『掌握旺運過一生』呢？

還是那句老話！『旺運的時候攻！弱運的時候守！』自然一切太平、風調雨順、財運不斷、喜事連連了！

再次叮嚀

『紫微在子』命局的人

『紫微在子』命局的人，有丑、未、巳、亥年是弱運。整個的命程上來說，是一年好一年壞，再三年好運，一年壞運，如此循環著。而且較強的運勢，集中在辰年、午年、申年、酉年、戌年、子年，屬於命盤上右半邊的運勢。

因此也可知道，你在龍年、馬年、猴年、雞年、狗年、鼠年運氣是特別旺的。這些年你可好好利用來衝刺，把人生推向高峰。在命盤左半邊逢到的年份裡，採用稍為進取，但不激進的方式來努力。在弱運的四個年份（丑、未、巳、亥年）採守勢，一定可保旺運長久的。

『紫微在丑』命局的人

『紫微在丑』命格的人，有辰、戌、巳、亥年是弱運。整個命程上來說是四年好，兩年壞，再四年好二年壞的循環著。

較強的運勢集中子、丑、寅、卯及午、未、申等宮。因此我們知道鼠年、牛年、虎年、兔年及馬年、羊年、猴年都很旺運。這些年是你可奮鬥的年份。在弱運的四個年份（辰、巳、戌、亥年）採守勢，一定可

如何掌握旺運過一生

保旺運長久的。

『紫微在寅』命局的人

『紫微在寅』命局的人，有丑、卯、亥年是弱運。整個命程上來說，最旺運的年份應是命盤上半部的運勢，從辰年的爆發『偏財運』的運勢，涵蓋了巳年、午年、未年、申年、酉年，一直到戌年再次的爆發『偏財運』為止的這七個年份。因此在這七個年份裡，你真該好好的掌握，才不負此生！其他弱運的年份，只要守住，使其平順、減少破耗。這一輩子你都能活在旺運裡了。

『紫微在卯』命局的人

『紫微在卯』命局的人，有辰、戌、亥、子年是弱運的！未年廉殺若逢羊陀而造成的『廉殺羊』、『廉殺陀』也可能產生弱運，要小心！

整個命程上來說，在命盤上看是左下角的丑、寅、卯年是旺運和命

如何掌握
旺運過一生

盤上半部的巳、午、未、申、酉年是旺運。中間相夾的辰年、巨門陷落的弱運，也會因卯年紫微、貪狼，若具有『火貪格』等爆發運而蔭庇而過。倘若你是具有這等偏財運的幸運兒，那在你的人生中，只不過在亥年破些財，在子年心情較悶，這些小事情是你的弱運了，因此你是太幸運了！比起別人來，你還有什麼煩惱呢？

『紫微在辰』命局的人

『紫微在辰』命局的人，巳年是弱運時期，可是對宮有天同廟旺相照。整個命盤裡只有天梁、太陽、貪狼三顆星居平陷。而其對宮或同宮都有居旺的星。因此可以說是一生都處在旺運中了，巳年天梁弱運，只不過是安享玩樂的成份居多，這怎能說是弱運呢？

由此可見『紫微在辰』命局的人，一生都在旺運中，若再說命不好，真是違心之論了。

如何掌握
旺運過一生

『紫微在巳』命局的人

『紫微在巳』命局的人，有卯、酉、午、申、戌年較為弱運。

其他像是亥、子、丑、寅年四年是好運，以及巳、未年是好運，在這兩組年份中都有『武貪格』爆發『偏財運』的機會。因此你若能把握好這兩組的好運，再在弱運的卯、酉、午、戌年四年裡守住錢財，減少浪費破耗，這一生因『偏財運』爆發所帶來的旺運是一生也受用不完了。

『紫微在午』命局的人

『紫微在午』命格的人，有丑、巳、未年是弱運的。其他的年份運氣都不錯。我們可以從命盤上可看馬年，雖然有紫微坐鎮，但是前後都是弱運的年份，午宮若沒有火鈴進入或相照，形成『火貪』、『鈴貪』的『偏財運』格局的話，其年雖有紫微，其旺運也不會太旺了。

倘若有『爆發運』其況就不同了。爆發運雖在未年有暴落的現象。

但若能守住隱忍是非、不招惹是非、不多說話的原則，在後一年的弱運裡也會很平順的度過的。

『紫微在未』命格的人

『紫微在未』命局的人，其弱運的時候，只有卯年、巳年、亥年。卯年是武殺入宮『因財被劫』，會耗敗、敗財。巳、亥年是廉貪居陷，各方面運氣差。

我們從『紫微在未』的命盤上可以看到子、丑、寅年是平順的旺運。午、未、申、酉、戌五年是較財厚的旺運。由此可知，你若把握好這些年的特性，好好把握努力，在弱運時減少浪費及減少應酬，一定可以安然生活在旺運裡的。

如何掌握
旺運過一生

『紫微在申』命局的人

『紫微在申』命局的人，一生的弱運只有卯、未年。卯年是天同居平、對宮太陰居旺相照，只是多忙碌罷了，也算不得弱運。因此只剩下未年天機陷落的弱運了。可是又有對宮天梁居旺的貴人搭救，日子也不會太難過的。

『紫微在申』命局的人又有『武貪格』，每逢七年一次爆發旺運，讓你獲得龐大的財富和旺運的事業，你還能嫌運氣不好嗎？

『紫微在酉』命局的人

『紫微在酉』命局的人，有辰、戌、巳、申四年較弱運。丑年廉殺入宮，若在三合四方的地帶上有羊陀來照會，或與其同宮有『廉殺羊』、『廉殺陀』的性命堪憂的痛苦的，也算是弱運的一種了。這樣加起來有五個年頭是弱運的了。

如何掌握

旺運過一生

我們可以從命盤上看到屬於下部的亥、子年是連續的旺運，從午年到未年、申年、酉年是旺運。因此你可利用這兩組旺運的連續年份裡，努力打拼，『陽梁昌祿』格會幫你氣勢如虹的升高官的。

在這個『紫微在酉』的命局中，若再有火鈴進入卯、酉宮，和紫貪形成『爆發運』，你再在辰、戌等會暴落的年份守住錢財，這旺運也可持續一生了。

『紫微在戌』命局的人

『紫微在戌』命局的人，只有亥年天梁居陷、申年貪狼居平較弱，和別的命局比較起來，這怎能算是弱運呢？亥年天梁陷落，可是對宮天同居旺，只不過放慢腳步享福去了。申年貪狼居平、若對宮或本宮有火鈴進入仍有『偏財旺運』，只是旺度級數不高罷了。丑、未年日月同宮、相照，是忙碌財少的局面。如此來說，只要在弱運時不企求太多的話，『紫微在戌』命局的人，應該算是天天是旺運了。

『紫微在亥』命局的人

『紫微在亥』命局的人，有子、午、卯、酉年是弱運。平均起來是兩年好運、一年壞運。

丑、未年時有『武貪』格的暴發運，造成命裡中突起極旺的高潮點。因此你若能把弱運年的破耗減低，不要多花費錢財，把暴發旺運得來的錢財，做平均有效的分配在其他年份花用。那你這個『紫微在亥』命局的人也可以享受旺運過一生了！

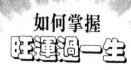

流年流月流日流時的看法

許多的讀者來信詢問流年流月流日的看法。這本書『掌握旺運過一生』的書中也常用到流年、流月，故我再次介紹流年、流月、流日的用法，以期給大家方便使用，不必再去查書了。

流年的看法：

流年是指當年一整年的運氣。子年時就以『子』宮為當年的流年。以『子』宮中的主星為該年的流年命宮的主星。倘若是丑年，就以『丑宮』為流年命宮，宮中的主星就是流年運氣了。以此類推。

辰年時，以『辰宮』為流年命宮，卯宮為流年兄弟宮、寅宮為流年夫妻宮，丑宮為流年子女宮，子宮為流年財帛宮，亥宮為流年疾厄宮，戌宮為流年遷移宮，酉宮為流年僕役宮（朋友宮），申宮為流年官祿宮（事業宮），未宮為流年田宅宮，午宮為流年福德宮，巳宮為流年父母宮。如此就可觀看你辰年一年當中與六親的關係，及進財、事業的行運吉凶了。

流月的看法：

流月是指一個月中的運氣。

要算流月，要先找出流年命宮（例如辰年以辰宮為流年命宮），再由流年命宮逆算（逆時針方向數）自己的生月，再利用自己的生時，從生月之處順數回來的那個宮，就是你該年流年的一月（正月）。

舉例：某人是生在五月寅時。辰年時正月在寅宮（從辰逆數五個宮，再順數三個宮那就是正月）

＊幾月生就逆數幾個宮，幾時生就順數幾個宮，就是該年流月的正月，再順時針方向算2月、3月……

4月 巳	5月 午	6月 未	7月 申
辰 3月			8月 酉
卯 2月			9月 戌
1月 寅	12月 丑	11月 子	10月 亥

流日的算法：

流日的算法更簡單，先找出流月當月的宮位，此宮即是初一，順時針方向數，次一宮位為初二，再次一宮為初三……以此順數下去，至本月最後一天為止。

流時的看法：

流時的看法更不必傷腦筋了！子時就看子宮。丑時就看丑宮、寅時看寅宮中的星曜……以此類推來斷吉凶。

考試你最強

法雲居士⊙著

讓老天爺站在你這邊幫忙你考試

- 老天爺給你一天中的好時間、給你主貴的『陽梁昌祿』格、給你暴發運的好運、給你許許多多零碎的、小的旺運來幫忙你K書、考試。但你仍需有智慧會選邊站，老天爺才會站在你這邊！

如何運用運氣來考試

- 運氣是由許多小的時間點移動的過程所形成的，運用及抓住好的時間點，就能駕馭運氣、讀書、K書就不難了，也更能呼風喚雨，任何考試都手到擒來，考試強強滾！
考試你最強！

紫微姓名學

法雲居士⊙著

『紫微姓名學』是一本有別於坊間出版之姓名學的書，
我們常發覺有很多人的長相和名字不合，
因此讓人印象不深刻，
也有人的名字意義不雅或太輕浮，以致影響了旺運和官運，
以紫微命格為主體所選用的名字，
是最能貼切人的個性和精神的好名字，
當然會使人印象深刻，也最能增加旺運和財運了。
『姓名』是一個人一生中重要的符號和標幟，
也表達了這個人的精神和內心的想望，
為人父母為子女取名字時，就不能不重視這個訊息的傳遞。

法雲居士以紫微命格的觀點為你詳解『姓名學』中，
必須注意的事項，助你找到最適合、助運、旺運的好名字。

如何用偏財運來理財致富

法雲居士⊙著

偏財運會創造人生的奇蹟，
偏財運也會為人生帶來財富，
但『暴起暴落』始終是人生中的夢魘。

如何讓暴發的財富永遠留在你的身邊，如何用一次接一次的偏財運增高你的人生格局。

這本『如何用偏財運來理財致富』就明確的提供了發財的方法和用偏財運來理財致富的訣竅，讓你永不後悔，痛快的過你的人生！

紫微屋相學

法雲居士⊙著

人有面相，房屋就有『屋相』。
人有命運，房屋也有命運。
具有好命運的房子，也必然具有好風水與好『屋相』。

房子、住屋是人外在環境的一部份，人必須先要住得好、住得舒適，為自己建造好的磁場環境，才會為你帶來好運和財運。
因此你住了什麼樣的房子，和為自己塑造了什麼樣的環境，很重要！

這本『紫微屋相學』不但告訴你如何選擇吉屋風水的事，更告訴你如何運用屋相的運氣來為自己增運、補運！

如何選取喜用神

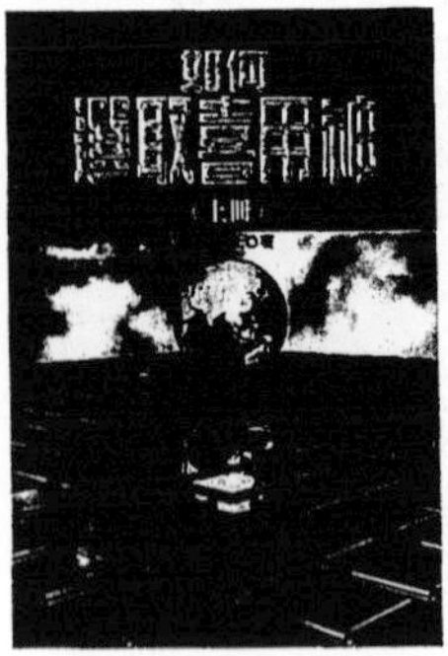

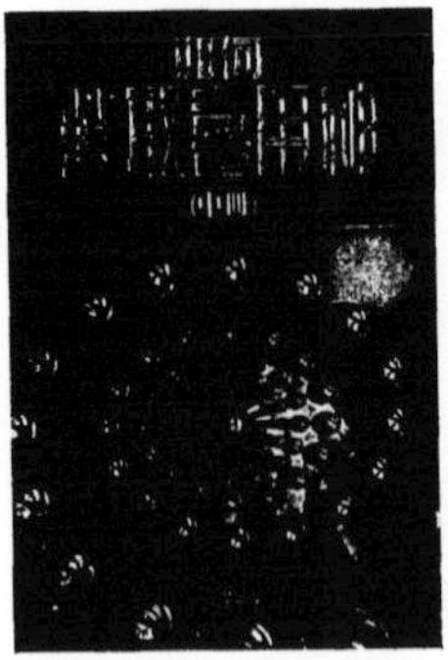

(上冊)選取喜用神的方法與步驟
(中冊)日元甲、乙、丙、丁選取喜用神的重點與舉例說明
(下冊)日元戊、己、庚、辛、壬、癸選取喜用神的重點與舉例說明

每一個人不管命好、命壞，都會有一個用神和忌神。
喜用神是人生活在地球上磁場的方位。
喜用神也是所有命理知識的基礎。
及早成功、生活舒適的人，都是生活在喜用神方位的人。
運蹇不順、夭折的人，都是進入忌神死門方位的人。
門向、桌向、床向、財方、吉方、忌方，全來自於喜用神的方位。
用神和忌神是相對的兩極。
一個趨吉，一個是敗地、死門。
兩者都是人類生命中最重要的部份。
你算過無數的命，但是不知道喜用神，還是枉然。
法雲居士特別用簡易明瞭的方式教你選取喜用神的方法，
並且幫助你找出自己大運的方向。

命理生活新智慧・叢書04

你一輩子有多少財

教你預估命中財富的方法

法雲居士◉著

已出版
熱賣中

◉有人含金鑰匙出生，
有人終身平淡無奇，
老天爺眞的是那麼不公平嗎？
你的命裡到底有多少財？
讓這本書告訴你！

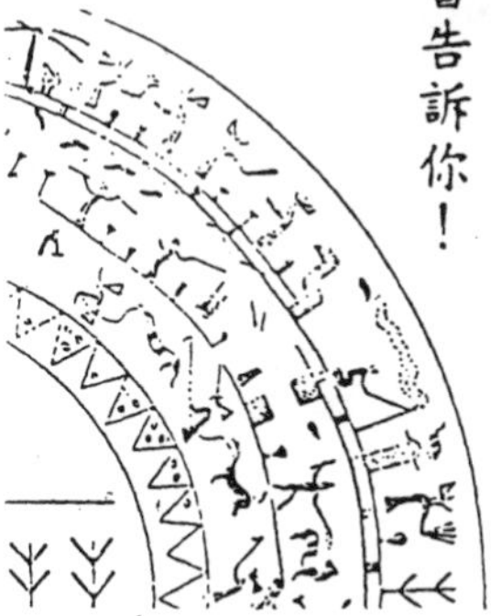

紫微幫你找工作

『男怕入錯行，女怕嫁錯郎』。
現在的人都怕入錯行。
你目前的職業是否真是適合你的行業？
入了這一行，為何不賺錢？
你要到何時才會有自己滿意的收入？
法雲居士用紫微命理幫你找出發財、升官之路，並且告訴你何時是你事業上的高峰期，
要怎麼做才會找到自己有興趣的工作？
要怎樣做才能讓工作一帆風順、青雲直上，沒有波折？
『紫微幫你找工作』就是這麼一本處處為你著想，為你打算、幫助你思考的一本書。

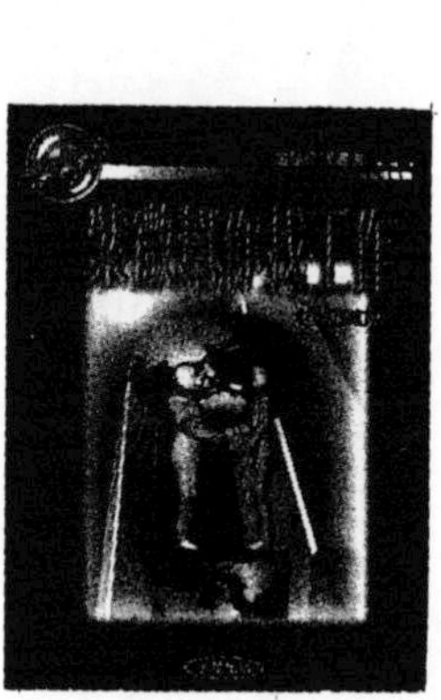

納音五行姓名學

一般坊間的姓名學書籍多為筆劃數取名法，
這是由國外和日本傳過來的，與中國命理沒有淵源！
也無法達到幫助人改善命運的實質效果。

凡是有名的命理師為人取名字，
都會有自己一套獨特方法，就是——納音五行取名法。

納音五行取名法包括了聲韻學、文字原理、字義、
聲音的五行來配合其人的命理結構，
並用財、官、印的實效能力注入在名字之中，
從而使人發奮、圓通而有所成就。
納音五行的運用，並可幫助你買股票、
期貨及參加投資順利。

現今環球已是世界村的時代，很多人在小孩一出世時，
便為子女取了中文名字、
英文名字及日文名字，
因此，法雲老師在這本書將這些取名法
都包括在此書中，以順應現代人的須要！

簡易實用靈卦·易學

卜卦是一個概率問題，也十分科學的，
當人在對某一件事情執著的時候，又想預知後果，
因此就須要用卜卦來一探究竟。

任何事物都無法脫離時間和空間而存在。
紫微和八字的算運氣法則，是先有時間再算空間，
看是在什麼樣的時間點走到什麼樣的空間去！
卜卦多半是一時興起而卜卦的，
因此大多數的時間和空間都是未知數，
再加上物質運動的變化，隨機而動的卜卦才會更靈驗！

卜卦必須要懂得易經六十四卦的內容與代表意義。
法雲老師用簡單易懂的方法教你
手卦、米卦、金錢卦、梅花易數的算法，
讓你翻翻書就立刻知道想要知道的結果！

$1元起家、能買空賣空的命格

景氣不好、亂世，就是創業的好時機！

創業也會根據你的命格型態，
有不同的創業方式及行業別，
能不能夠以『＄１元起家』，輕鬆的創業，
或做『買空賣空』的行業，其實早已命中註定了！

任何人都可以運用自己的運氣來尋找財富，
掌握時間點就能促成發富的績效。

新時代創業家是一面玩、
又一面做生意賺錢的快活族！

你的財要怎麼賺

這是一本教你如何看到自己財路的書。
人活在世界上就是來求財的！
財能養命，也會支配所有人的人生起伏和經歷。
心裡窮困的人，是看不到財路的。

你的財要怎麼賺？人生的路要怎麼走？
完全在於自己的人生架構和領會之中，
法雲居士利用紫微命理為你解開了這個
人類命運的方程式，
劈荊斬棘，為您顯現出你面前的財路，
你的財要怎麼賺？
盡在其中！

易經六十四卦詳析

袁光明⊙著

這是一本欲瞭解《易經六十四卦》中
每一幅卦義的工具書。

易經主要的內容與境界在於理、象、數。
象是卦象，數是卦數。
『數』中還有陰陽、五行等主要元素。
因此要瞭解六十四卦的內容，
必須從基本的爻畫排列方式與
稱謂開始瞭解，以及爻畫間的
『時』、『位』、『比』、『應』等關係，
最後能瞭解孔子所說的：
『易簡而天下之理得矣。』

李虛中命書詳析

法雲居士⊙著

《李虛中命書》又稱《鬼谷子遺文書》，
在清《四庫全書．子部》有收錄，並做案語。
此本書是中國史上最早一本有系統的八字命理書，
此本書也成為後來『子平八字』術改變而成的發展基石。

此本書中對干支的對應關係、對六十甲子的
祿、貴、官、刑有非常詳細的討論，
以及納音五行對本命生、旺、死、絕的影響，
皆是命格主貴、主富的關鍵要點。
子平術對其也諸多承襲其用法。
因此，欲窮通『八字』深奧義理者，
必先熟讀此書中五行納音及干支間之理論觀念。
因此這本『李虛中命書』也是習八字之敲門磚。

法雲居士將此書用白話文逐句詳解其意，
並將附錄之四庫編纂者所加之案語一併解釋，
卑能使讀者更加領會其中深奧之意。

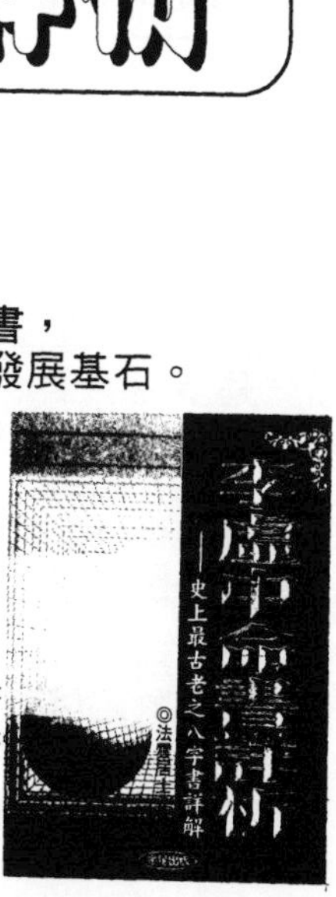

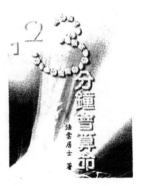

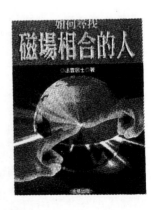

命理生活新智慧・叢書

紫微斗數全書詳析

《上、中、下、批命篇》四冊一套

◎法雲居士◎著

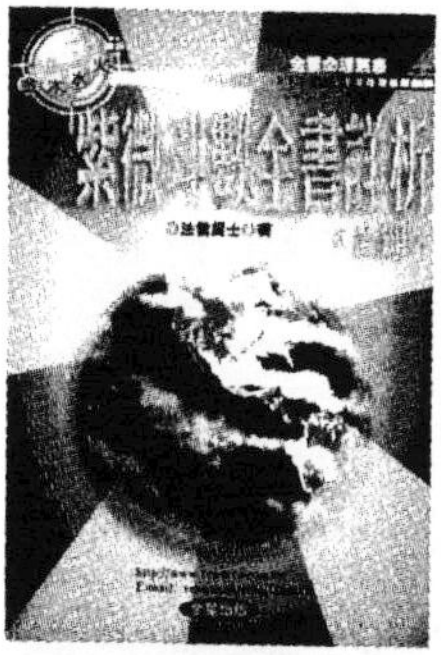

『紫微斗數全書』是學習紫微斗數者必先熟讀的一本書。但是這本書經過歷代人士的添補、解說或後人在翻印上植字有誤，很多文義已有模糊不清的問題。

法雲居士為方便後學者在學習上減低困難度，特將『紫微斗數全書』中的文章譯出，並詳加解釋，更正錯字，並分析命理格局的形成，和解釋命理格局的典故。使你一目瞭然，更能心領神會。

這是一本進入紫微世界的工具書，同時也是一把打開斗數命理的金鑰匙。

對你有影響的

身宮·命主·身主

◎法雲居士◎著

在紫微命理的學理中，命盤上每一個宮位、星曜、星主、宮主都是十分重要的。其中，身宮、命主和身主，代表人的元神、精神，是人靈魂方面的內涵。
一般我們算命，多半算太陽宮位，是最起碼的算命方式。像身宮是太陰所管轄的宮位，我們要看人的內在靈魂，想看此人的前世今生，就不能忽略這些代表人內在靈魂的『身宮、命主和身主』了！

紫微面相學

《全新修訂版》

法雲居士⊙著

『面相』是一體兩面的事情，
我們可以從一個人的外表來探測其內心世界，
也可從一個人所發生的某些事情來得知此人的命運歷程。
『紫微面相學』更是面相中的楚翹，
在紫微命理裡，命宮主星便顯露了人一切的外在面貌、
精神與內在的善惡、急躁、溫和。

- 『紫微面相學』能從見面的第一印象中，立刻探知其人的內在性格、貪念，與心中最在意的事與其人的價值觀，並且可以讓你掌握到此人所有的身家資料。
- 『紫微面相學』是一本教你從人的面貌上，就能掌握對方性格、喜好，並預知其前途命運的一本書。
- 『紫微面相學』同時也是溫故知新、面對自己、改善自己前途命運的一本好書！